DOCTRINAS
BAUTISTAS LIBRES

J.D. O'Donnell

© 2016 Casa Randall de Publicaciones

Publicado por Casa Randall de Publicaciones
114 Bush Road
Nashville, TN 37217

Todos los derechos reservados. Cualquier forma de reproducción, distribución, comunicación pública o transformación de esta obra solo puede ser realizada con la autorización de sus titulares, salvo excepción prevista por la ley, exceptuando breves citas en reseña crítica, sin los previos permisos de la publicadora.

Todas las citas bíblicas están tomadas de la versión Reina-Valera 1960.

Traducido por Stephen Lytle y Lázaro Riesgo.
Imprimido en Los Estados Unidos de América

ISBN 13 - 9780892659937

Contenido

1. Las Sagradas Escrituras 1
2. Dios, su existencia y atributos 13
3. La encarnación de Cristo 27
4. La expiación y mediación de Cristo 39
5. El Espíritu Santo, su persona y obra 51
6. Doctrinas de la salvación 63
7. La perseverancia de los santos 75
8. La iglesia y La Iglesia 87
9. La mayordomía del creyente 99
10. El llamado y la responsabilidad del ministerio 113
11. Las ordenanzas del evangelio 127
12. Las doctrinas de las últimas cosas 141
13. Nuestro pacto 155

1

Las Sagradas Escrituras

Trasfondo

Hoy, en vez de ver al mundo incrédulo atacando la Biblia, hay muchos que se llaman a sí mismos cristianos que niegan que la Biblia sea la palabra inspirada de Dios. Muchos proclaman desde los púlpitos y en material impreso que la Biblia está llena de mitos, que mucho de ese material contiene error; que tal vez contenga la Palabra de Dios, pero que cada individuo debe decidir por sí mismo qué porción le habla a él y a su experiencia. Los bautistas libres, juntamente con todo cristiano conservador, fundamentalista, evangélico (¡escoja el término preferido!) creen que la Biblia es la Palabra inspirada de Dios… "El Antiguo y Nuevo Testamentos…escritos por hombres santos, inspirados por el Espíritu Santo…Son una regla y guía suficiente e infalible a la salvación, la adoración y el servicio cristiano." (Tratado) Ella no contienen error en su forma original.

Para poder entender la doctrina de la inspiración, uno debe mirar el significado de la palabra "inspirar." La palabra viene de dos términos griegos; **theos,** que significa "Dios," y **pnein**, que significa "respirar." El término en 2 Timoteo 3:16 "inspirada por Dios," quiere decir que los escritos del Antiguo Testamento resultaron del acto de Dios de respirar en los autores lo que ellos escribían. La inspiración es, entonces, el acto de Dios mientras habla a través de hombres, y el resultado es lo mismo que si Él dijera estas cosas con sus propios labios. Esto es cierto, sean las palabras habladas o escritas. Dios es el autor.

Capítulo Uno

Cuando había fuentes disponibles, Dios dirigió a los autores a dichas fuentes. Cuando no había fuentes humanas disponibles, Dios mismo les suplió a los autores la información necesaria.

Todos los libros del Antiguo Testamento, como los aceptan los protestantes, ya existían durante la vida de Cristo. Jesús se refirió a ellos y los endosaba como Las Escrituras en su tiempo. Tenemos el testimonio de autores de la iglesia primitiva en cuanto a los libros del Nuevo Testamento. Ninguno de los libros apócrifos está incluido. No hay nada que desapruebe ninguna parte del Nuevo Testamento como parte de las Escrituras. No hay suficiente espacio para una discusión de la canonicidad de las Escrituras. El lector puede consultar "How We Got the Bible" ("Cómo nos llegó la Biblia) de Neil R. Lightfoot para un estudio más detallado del tema.

Un maestro encontrará provecho en pasar tiempo en estudio independiente de cómo se formó el canon de las Escrituras. Ganará un aprecio más grande de cómo Dios ha preservado su Palabra a través de los siglos.

Cuando se hace la declaración que la Biblia está exenta de errores en los manuscritos originales, no está diciendo que todas las versiones están sin error. Las versiones se han hecho de copias. Nadie tiene conocimiento de ningún original en existencia. Pero, una comparación de los manuscritos antiguos revelará que hay un acuerdo muy estrecho. El mensaje pleno de la Palabra de Dios ha sido preservado, y los hombres han mostrado que pueden confiar en él. Es bueno recordar las palabras de Cristo, "mi palabra nunca pasará."

Bosquejo

I. **El Antiguo Testamento es la Palabra de Dios (2 Pedro 1:15-21)**
II. **El Nuevo Testamento es la Palabra de Dios (2 Timoteo 3:14-17)**

Introducción

Al introducir esta lección sobre las Sagradas Escrituras, o la Santa Biblia, déjense notar las palabras de Henry Halley:

"Todos deben de amar la Biblia. Todos deben de leer la Biblia. Todos. Es la Palabra de Dios. Tiene la solución de la vida. Nos relata sobre el mejor amigo que la humanidad jamás ha tenido, el hombre más noble, el más amable, el más verdadero que haya pisado la tierra."

"Es la historia más bella jamás relatada. Es la mejor guía sobre la conducta humana jamás conocida. Da un significado, un brillo, un gozo, una victoria, y un destino, una gloria a la vida, no conocida en ningún otro lugar."

"La mayoría de las personas, en sus momentos serios, deben de tener algo de maravilla en su mente para prepararles para el final. Sea que nos burlemos, lo tiremos a un lado, o lo que hagamos, ese día vendrá, y ¿entonces qué? Bien, es la Biblia la que tiene la respuesta. Y una respuesta sin equivocación será. Hay un Dios. Hay un cielo. Hay un infierno. Hay un Salvador. Habrá un día de juicio. Feliz el hombre, quien, en los días de su humanidad en la carne, hace las paces con el Cristo de la Biblia, y se prepara para su última salida.

"¿Cómo podrá una persona de pensamiento profundo mantener su corazón alejado del calor hacia Cristo y hacia el Libro que nos relata acerca de Él? Todos deben de amar la Biblia. Todos. ¡TODOS! (Compendio Bíblico de Halley, página 805)

Los bautistas libres colocan la doctrina acerca de las Escrituras en un lugar alto en su Tratado. Esto es debido al hecho de que una actitud correcta hacia las Escrituras determina las actitudes hacia a todas las demás doctrinas básicas. Creer que las Escrituras son la Palabra de Dios y que contienen la revelación de Dios de sí mismo al hombre, tiene su fundamento en la fe en la deidad de Cristo, su expiación del pecado del hombre, y el cielo como recompensa para aquellos que creen en Cristo. Si uno no reverencia las Escrituras, sino que las ve meramente como escritos humanos, no tiene fundamento para su fe, ni autoridad para su vida. Estudia cuidadosamente estas Escrituras en cuanto a la Palabra de Dios, y también estudia la sección en el Tratado de Fe y Práctica de los bautistas libres en cuanto a las Escrituras.

I. EL ANTIGUO TESTAMENTO ES LA PALABRA DE DIOS
(2 Pedro 1:15-21)

Mientras algunos grupos han tomado una interpretación ligera del Antiguo Testamento, los bautistas libres creen que las Sagradas Escrituras están compuestas del Antiguo y el Nuevo Testamento. En 2 Pedro 1:15-21 Pedro nos da un vistazo a su profundo respeto por el Antiguo Testamento. Estos versículos muestran la relación estrecha entre los dos testamentos. Pedro es testigo de los hechos revelados en el Nuevo Testamento y declara que son verdaderos porque él y otros fueron "testigos de su majestad (Versícululo 16), pero enton-

Capítulo Uno

ces para mostrar aún más sus reclamos, muestra algo aún más convincente que los relatos de quienes fueron testigos. Esto es el Antiguo Testamento, el cual contiene "la palabra profética más segura." (Versículo 19)

Estos versículos de 2 Pedro en su sentido original no tenían como propósito ser un sermón sobre la inspiración de las Escrituras. Es más bien un pensamiento pasajero que lleva a Pedro a donde puede tratar otros asuntos. Sin embargo, sirven muy bien como base para enseñar la inspiración y confiabilidad del Antiguo Testamento.

Al introducir estos versículos (versículo 13), Pedro había dicho a sus lectores que mientras él estaba "en este cuerpo," o sea, todavía vivo, él quería "despertaros con amonestación," (véase v. 15). Sin embargo, este viejo testigo de los sucesos en la vida del Señor sabía que sus días estaban contados y que pronto él pasaría a la gloria. En el versículo 15 expresa la esperanza que antes de que él falleciera, pudiera poner por escrito las cosas que había visto, a fin de que la gente "tuviera memoria."

La tradición nos dice que Pedro pudo realizar este deseo antes de morir. Se cree que el evangelio de Marcos es el evangelio según Pedro. La tradición que ha sido dejada nos dice que Pedro reportó los eventos de la vida de Cristo a Juan Marcos, y que éste los escribió. Es muy significativo que varios aspectos en este evangelio concernientes a Pedro, reciben mayor claridad y detalle en Marcos que en los otros evangelios.

Existen ciertos libros que supuestamente hablan de los días de la niñez de Cristo y cuentan otros eventos de su vida, pero no tienen el "tono" de autoridad. Algunos de los cuentos en estos libros falsos (llamados apócrifos) son tontos e imaginarios. Posiblemente algunos estaban en existencia en los días de Pedro. Quizá esta sea la razón porque escribió que "no os hemos dado a conocer el poder y la venida de nuestro Señor Jesucristo siguiendo fábulas artificiosas…" Los gnósticos (unos herejes judío-cristianos) del segundo siglo tenían muchas fábulas y algunas a lo mejor estaban en desarrollo temprano. Esas fábulas artificiosas también se veían como una parte básica de las religiones de los paganos.

Pedro aquí se refería al "poder y la venida de nuestro Señor Jesucristo." Algunos han tomado estas palabras como referencia a la segunda venida de Cristo. Las palabras "poder" y "venida" sí, parecen referirse a dicho evento, pero no necesariamente significan esa futura venida. En realidad, parece más probable que se refiere a la primera venida, porque a continuación se menciona la transfiguración, en el momento en que él (Pedro) y los demás discípulos ven la gloria del Señor (Mateo 17:1-12).

Otra evidencia de que él tenía en mente la primera venida se encuentra en el hecho de que él y otros habían "vistos con nuestros propios ojos su majestad." Pedro, Jacobo y Juan estaban con Jesús en la montaña cuando Él "se transfiguró delante de ellos, y resplandeció su rostro como el sol, y sus vestidos se hicieron blancos como la luz." (Mateo 17:2).

Pedro no se refería a la transfiguración como un evento aislado. Para él, aquel evento era algo típico de su "poder y venida." Para Pedro, ese evento representaba toda la gloria de aquella primera venida de nuestro Señor.

Describiendo aquella escena en la montaña, Pedro dijo que Jesús "recibió de Dios Padre honra" en la voz que habló con Él, y "gloria" en la luz que brilló en él. La demostración de Dios en la luz y la evidencia de Dios en la voz sirvieron de confirmación a un testigo terrenal de quién era Jesús. Dios eligió dar testimonio a estos hombres escogidos de la naturaleza verdadera de Jesucristo, para que ellos pudieran dar un testimonio especial a otros.

El término "una voz desde la más excelente gloria" es una declaración sublime de ese gran evento. La "excelente gloria" tal vez se refiera a Dios mismo. Otros lo interpretan como referencia al cielo, o a la nube que los envolvió (Mateo 17:5). Esta última tal vez sea la interpretación correcta puesto que Mateo menciona una voz desde la nube. Sin embargo, en el próximo versículo, Pedro menciona "esta voz que vino del cielo."

Aquella voz de Dios desde la nube dio aprobación a todo lo que Jesús había enseñado a los discípulos. Hizo válida la declaración que Pedro había confesado unos días antes que "Tú eres el Cristo, el Hijo del Dios viviente." (Mateo 16:16).

Para mostrar aún más la verdad que ha presentado, Pedro se refirió al evento mismo en el versículo 18 cuando escribió "Esta voz…escuchamos, estando con él en el monte santo." Una voz del cielo no es la manera común que Dios emplea para hablar a los seres humanos. Sin embargo, en ocasiones cuando la situación requiere tal evidencia de Dios, Él se deja escuchar así. Esta fue la segunda vez que una voz dio testimonio acerca de quién era Jesús (Mateo 3:17). Una vez más, al caminar hacia a Jerusalén para lograr la expiación, hubo una voz del cielo que dio tal testimonio Juan 12:28).

Es en el versículo 19 que Pedro llega al énfasis principal del pasaje. Aunque Pedro y los otros discípulos eran testigos del ministerio de Cristo, hay un testimonio que es más fuerte que el de ellos. Este es "la palabra profética más

Capítulo Uno

segura." Pedro está diciendo que en comparación la palabra de Dios profética contenida en el Antiguo Testamento es firme y más segura que la palabra de testigos oculares. Para muchos, es difícil entender cómo eso podría ser así. La respuesta es sencilla por varias razones: (1) La profecía era un testimonio más amplio y más grande que el testimonio de los apóstoles. Dio testimonio más amplio porque era el testimonio de muchos más. (2) Era un testimonio que precedió el evento y fue confirmado en el evento mismo. Los hombres durante varios siglos dieron un testimonio unido a un evento que sucedió como ellos habían dicho. (3) El testimonio de los apóstoles solo, sin pruebas adicionales, podría haber sido un malentendido de lo que era realidad. Los hombres se han equivocado antes y después.

Pedro urge a sus lectores a que hagan caso a la profecía "en estar atentos como a una antorcha que alumbra en lugar oscuro." Lo que la profecía revela se compara a una luz disipando las tinieblas. Pero con esta declaración Pedro no quiere decir que solamente noten la luz, sino que sean obedientes a lo que se revele. Deben reconocer quién es Jesús y obedecer su Palabra "hasta que el día esclarezca y el lucero de la mañana salga en vuestros corazones." Pedro aquí no hablaba a hombres inconversos y rogándoles que aceptaran el cristianismo. Estaba hablando a hombres de "una fe igualmente preciosa" que la que él mismo tenía, y rogándoles que hicieran caso a la Palabra de profecía hasta que su fe fuera perfeccionada en una relación madura con el Señor resucitado. No hay nada aquí que haga que todo eso se refiera a la segunda venida.

Pedro pone una advertencia en el versículo 20. Los creyentes tenían que reconocer "que ninguna profecía de la Escritura es de interpretación privada…" Esto ha sido interpretado de la siguiente manera (1) que ninguna profecía se puede interpretar sola sin compararla con otras. (2) Que los profetas no entendían lo que escribieron, o (3) que las profecías tienen un significado escondido que no se puede deducir de la profecía misma. El significado verdadero parece ser que los profetas no les daban a las profecías el sentido que ellos mismos querían, y que tampoco nosotros, de la misma manera, debemos ponerles el sello de nuestras creencias particulares. Cada una tiene un significado dado por Dios, y nuestra búsqueda debe ser de entender lo que Dios habló por medio de ella.

Esta interpretación es apoyada por la primera frase del versículo 21. Pedro dijo "porque nunca la profecía fue traída por voluntad humana." Las Escrituras del Antiguo Testamento no eran de origen humano. Quizás sería ir demasiado lejos decir que los profetas ni siquiera entendían lo que hablaban y escribían. Ciertamente estos hombres fueron llevados por el Espíritu de Dios a un entendimiento de lo que hablaban. Es fácil creer que Dios reveló algunas partes del futuro a la comprensión de estos hombres. ¿De qué otra manera podrían explicar su anticipación del Mesías y su obra? Pero lo más importante es que la profecía no se originó en la voluntad de ellos.

La realidad del hecho es que "los santos hombres de Dios hablaron siendo inspirados por el Espíritu Santo." Este es uno de los pasajes neo testamentarios que enseña la inspiración de las Escrituras del Antiguo Testamento. El verdadero significado de la declaración es que los autores del Antiguo Testamento hablaron o escribieron en su capacidad de agentes especiales de Dios. Cuando ellos dijeron, "Así ha dicho Jehová," daban el mensaje que Dios les había encomendado para ser entregado a los hombres. Solo cuando fueron inspirados, o "movidos" fue que ellos pudieron entregar tal mensaje diciendo "Esta es Palabra de Dios."

El Tratado de los Bautistas Libres habla en este punto diciendo "Ellas (Las Sagradas Escrituras) fueron escritas por hombres santos, inspirados por el Espíritu Santo, y son la Palabra de Dios revelada al hombre." El mero hecho de que hablaron "siendo inspirados por el Espíritu Santo hace que el mensaje tuviera su origen en Dios.

Es necesario que los creyentes reconozcan la diferencia entre *revelación* e *inspiración*. Cuando se emplean estos dos vocablos en cuanto a las Escrituras, revelación se refiere a la información en la Biblia que vino directamente de Dios por el Espíritu Santo, y que no se podría saber de otra manera. Aunque la Biblia como totalidad es una revelación de Dios mismo al hombre, hay muchas cosas en ella que vienen de la experiencia del hombre, de tablas genealógicas, y otras fuentes. La revelación en el sentido más estricto se refiere a pasajes tales como Génesis 1, o Isaías 53, los cuales tuvieron que venir de Dios.

La inspiración concierne al proceso de escribir las Escrituras. Fue aquel movimiento del Espíritu Santo sobre los autores humanos de la Palabra de Dios el que les dirigió en la selección de materiales para ser incluidos en la obra particular de cada uno. Tanto la revelación como la inspiración fueron la obra de Dios guiando a los hombres por el Espíritu Santo.

Los creyentes tienen que evitar ciertas teorías falsas acerca de la inspiración:

(1) La Biblia está a la par de los escritos sagrados de otras religiones. (2) La Biblia contiene material inspirado, pero no en su totalidad, (3) La Biblia es completamente un producto humano.

Un concepto verdadero de la inspiración enseñará que la Biblia es totalmente inspirada, tanto el Antiguo como el Nuevo Testamento. Afirmará que "el Espíritu Santo de Dios guio su producción original de tal manera que fue asegurada de error u omisión." La creencia en la inspiración plena de la Biblia es conocida como el concepto plenario-verbal de inspiración.

Estos versículos escritos por Pedro no nos permiten pasar por alto un hecho importante. Eso es, el uso de agencias, tanto humanas como divinas en la producción de las Escrituras. Ya se ha puesto énfasis en la obra de Dios por medio de la guía del Espíritu Santo en el proceso de producir las Escrituras. Sin embargo, la agencia humana también se empleó en su producción. La palabra de la profecía nos vino por medio de un número desconocido de hombres desde Moisés hasta Malaquías. Esto abarca un período de aproximadamente mil años.

Estos "santos hombres de Dios" (2 Pedro 1:21) vinieron de muchos trasfondos. Moisés y Josué eran líderes nacionales, David y Salomón eran reyes, Jeremías y Ezequiel eran profetas-sacerdotes, Daniel, un estadista, Amós, un pastor de ovejas y recogedor de higos. El mayor número fueron profetas, aunque varios de los escritores de los libros fueron anónimos. Todos tenían algo en común: hablaron "siendo inspirados por el Espíritu Santo."

La manera en la cual el Espíritu Santo se movió sobre ellos no se describe específicamente. Gaussen explica la inspiración como "un poder inexplicable" (uno que no tiene explicación). Moisés tenía confrontaciones (conversaciones) directas con Dios. Ezequiel oyó a Dios hablar a través de visiones, como también Zacarías. La manera principal en que Dios ha hablado a su pueblo es por medio de impresiones en el corazón. Este "silbo apacible y delicado," el cual habló a Elías, probablemente fue algo así.

II. EL NUEVO TESTAMENTO ES LA PALABRA DE DIOS
   (2 Timoteo 3:14-17)

Al decir que el Nuevo Testamento es la Palabra de Dios queremos decir que es aquella verdad que Dios ha revelado al hombre, en cuanto a sí mismo y la salvación. El Antiguo y el Nuevo Testamento van juntos, y son singulares en que son los únicos escritos que se pueden llamar la Palabra de Dios. Lo que se puede decir de la revelación e inspiración del Antiguo Testamento también puede decirse del Nuevo Testamento.

Estos versículos de Pablo a Timoteo en cuanto a la inspiración de las Sagradas Escrituras hablan del Antiguo Testamento en vez del Nuevo Testamento. Sin embargo, no pasó mucho tiempo después que Pablo escribió sus epístolas hasta que éstas fueron reconocidas a la par con las Escrituras del Antiguo Testamento. Aun Pedro en su segunda epístola reconoció los escritos de Pablo como el mismo nivel que otras Escrituras. Note que él dijo "como nuestro amado hermano Pablo, según la sabiduría dada a él, os ha escrito; como en todas sus epístolas hablando en ellas de estas cosas, en las cuales hay algunas cosas difíciles de entender que los indoctos e inestables tuercen, como con las demás escrituras, a su propia destrucción." (3:15-16). Así es que podemos decir que lo que Pablo plasmó aquí sobre las Escrituras y su inspiración se puede aplicar también a los escritos de él.

Pablo introduce estos versículos con la conjunción "pero," lo cual nos informa que están vitalmente relacionados con lo que él ya ha dicho. Este trasfondo tiene que ver con el hecho que "los hombres malos y los engañadores irán de mal en peor, engañando y siendo engañados (2 Timoteo 3:13). En ambas epístolas a Timoteo, Pablo advierte a Timoteo contra "maestros de la ley" (I Timoteo 1:7), y contra "profanas y vanas palabrerías" (2 Timoteo 2:16). Aquellos maestros estaban traficando en "fábulas y genealogías interminables, que acarrean disputas más bien que edificación…" (2 Timoteo 1:4). Su interés estaba en "…palabras, lo cual para nada aprovecha, sino que es para perdición de los oyentes." (2Timoteo 2:14).

En vez de seguir a estos hombres, a Timoteo se le advirtió huirles y "persiste tú en lo que has aprendido y te persuadiste…" (2 Timoteo 3:14). Timoteo tenía un trasfondo sobresaliente en el campo de la instrucción cristiana antes de tomar su posición en Éfeso. Había recibido una herencia piadosa a través de su abuela Loida y su madre Eunice (2 Timoteo 1:5). Como el "hijo amado" de Pablo en la fe, había empezado temprano en el ministerio práctico y había sido guiado cuidadosamente en las Escrituras por Pablo. De estas tres personas son las de quienes Timoteo había aprendido "estas cosas." Observar sus vidas y ver la Palabra ejemplificada, le dio las cosas de las cuales Pablo dijo "tú estás asegurado."

Era importante para Timoteo recordar "de quién las había aprendido." La juventud tiene una tendencia de echar fuera las enseñanzas de los ancianos.

Capítulo Uno

En la época en que vivimos, que amenaza con la idea de echar fuera todas las restricciones, nuestra juventud necesita ser animada a mirar hacia a los que les han enseñado y comparar sus vidas con las vidas de aquellos que les pueden guiar hacia el error. Hay que seguir a los que "andan en la luz, como él está en la luz." Siguiendo a éstos, uno no se saldrá del camino.

Timoteo fue más afortunado que muchos otros niños, pues Pablo le recuerda "y que desde la niñez has sabido las Sagradas Escrituras." (versículo 15). El conocimiento siempre aumenta la responsabilidad. Esa responsabilidad es grande cuando un joven como Timoteo es capaz de reaccionar a su responsabilidad y dedicar sus energías hacia sus deberes desde temprana edad.

La ley hebrea hizo provisión para el entrenamiento de la juventud en esos preceptos. Moisés, expresando el mandamiento de Dios, había dicho "Y estas palabras que yo te mando hoy, estarán sobre tu corazón; y las repetirás a tus hijos, y hablarás de ellas estando en tu casa, y andando por el camino, y al acostarte, y cuando te levantes. Y las atarás como una señal en tu mano, y estarán como frontales entre tus ojos; y las escribirás en los postes de tu casa, y en tus puertas" (Deuteronomio 6:6-9) En Deuteronomio 11:19 y 20 escribió "Y las enseñarás a vuestros hijos, hablando de ellas cuando te sientes en tu casa, cuando andes por el camino, cuando te acuestes, y cuando te levantes, y las escribirás en los postes de tu casa, y en tus puertas," Fue la obediencia a estos mandamientos lo que había traído al joven Timoteo al conocimiento de las Escrituras.

Es interesante notar que Pablo, aunque hablaba de las Escrituras del Antiguo Testamento, escribió que ellas "te pueden hacer sabio para la salvación." Pablo mismo estaba bien instruido en las Escrituras. Por mucho tiempo andaba ciego a la verdad real, pero por fin todo su conocimiento de las Escrituras le ayudó a darse cuenta de que Cristo era el Mesías, el Hijo de Dios.

El medio por el cual éstos hacen que uno sea sabio para la salvación es "la fe que es en Cristo Jesús." El solo conocimiento de las Escrituras no es suficiente para la salvación. Escribiendo de algunos que no creyeron las Escrituras del Antiguo Testamento, el autor de la carta a los Hebreos señaló "pero no les aprovechó el oír la palabra, por no ir acompañada de fe en los que la oyeron." (Hebreos 4:2, compárese Romanos 10:14).

En el versículo 16 de 2 Timoteo 3, Pablo nos da la declaración clásica sobre la inspiración de las Escrituras. Algunos traductores han reducido la fuerza de su declaración al traducir el versículo con otro significado. La versión *American Standard (edición 1901)* lo traduce "Toda escritura inspirada por Dios." Después vino la versión *New English Bible* la cual tradujo "Cada escritura inspirada tiene su uso." Ambas versiones sugieren que no todas las Escrituras son inspiradas. Pero la versión autorizada (KJV) traduce el pasaje "Toda la Escritura es inspirada por Dios." Así es que pone la teoría plenaria de la inspiración de las Sagradas Escrituras. *Toda* la Biblia, enteramente, es inspirada.

La palabra griega aquí traducida "inspirada por Dios" es un vocablo e idea que están relacionados con el Espíritu Santo. La palabra traducida "aliento" y "espíritu" es la misma. Espíritu viene del concepto que es el aliento de vida. En esta instancia, la palabra debe significar *inspirada*. Da la idea de que los autores de las Sagradas Escrituras estaban bajo la influencia de Dios al escribir.

Debido a su calidad de inspiración, cada Escritura es "útil para enseñar, para redargüir, para corregir, para instruir en justicia." Un punto que a veces se pierde de vista tiene que ver con aquellos para quienes es útil la Palabra. Generalmente se señala al estudiante. Pero el enfoque es el maestro. A Timoteo se le dice aquí que las Escrituras serán útiles para él.

Las áreas mencionadas en que las Escrituras son útiles al maestro son enseñanza (doctrina), represión, corrección, e instrucción en justicia. La doctrina involucra la comunicación de la verdad con respecto a las cosas divinas. Es la enseñanza de las verdades del evangelio. Redargüir es convencer a aquellos que contradirían la verdad como se presenta en el evangelio. Podría incluir el convencer al hombre en cuanto a su pecado, y los reclamos de Cristo sobre su vida. Corrección se refiere a la gran tarea de Timoteo en Éfeso en refutar las doctrinas heréticas que estaban entrando a la iglesia. Pablo le había advertido sobre esos maestros de la ley y sus doctrinas perniciosas. La Palabra de Dios era el único instrumento útil para corregir tales errores. "Instrucción en justicia" es una referencia a los aspectos más prácticos del evangelio. Es bueno saber la verdad, estar convencido de su valor, y ser corregido en áreas en que uno anda mal, pero es importante también tener instrucción en cómo esto se aplica a la vida. Saber lo que se requiere de los creyentes involucra mucha instrucción para nuevos convertidos que están saliendo de una situación mundana. Los nuevos convertidos no saben automáticamente cómo aplicar principios bíblicos en práctica en sus vidas. Necesitan instrucción sobre aquellos principios.

Es en el versículo 17 donde la "utilidad" de las Escrituras inspiradas se resume: "a fin de que el hombre de Dios sea perfecto, enteramente preparado para toda buena obra." "Perfecto" aquí conlleva la idea de "estar listo en todo asunto." Ciertamente el hombre de Dios, quien tiene "calzados los pies con el apresto del evangelio de la paz…y la espada del Espíritu, que es la palabra de Dios" (Efesios 6:15-17) está bien preparado para poder enfrentar a su enemigo. Tal hombre tiene el fundamento necesario para su trabajo y el arma lista en su mano.

"Enteramente preparado" se puede traducir "enteramente hecho listo." Es en el ámbito de la Palabra de Dios que el hombre de Dios tiene su tarea especial. Cuando es equipado con un conocimiento adecuado de la Palabra, su entrenamiento básico para el servicio está completo. El conocimiento de la Palabra prepara a cualquier hombre de Dios para enseñar e instruir a otros. Pero también prepara al maestro para "toda buena obra." Eso afecta cada aspecto de la vida espiritual, sea para corrección, represión, doctrina, o áreas de instrucción práctica sobre la justicia.

El alto aprecio que los autores de las Sagradas Escrituras tenían por las Escrituras previamente escritas, es el mismo aprecio que debe de tener todo creyente. El salmista en el Salmo 119 expresa la actitud de su corazón con reverencia plena hacia la Palabra de Dios. Los que ahora tenemos el evangelio de Jesucristo añadido a las Escrituras reverenciadas del Antiguo Testamento, tenemos aún mayor razón para regocijarnos en las Escrituras, las cuales nos revelan a Dios en el sentido más pleno.

2
Dios, su existencia y atributos

Trasfondo

Quizás una de las porciones más sublimes de la Escritura concerniente a la revelación de Dios sea el Salmo 19. En este salmo, se pone de relieve que Dios es revelado en la naturaleza, en las Escrituras y en la vida piadosa. Estos tres testigos son prueba suficiente a la mente abierta que Dios existe.

Aunque el ateísta trate de dar una explicación racional de la naturaleza y negar la Biblia, tiene que enfrentar un problema difícil cuando le piden que explique el cambio en un individuo cuya vida ha sido transformada por el Señor Jesucristo. Como alguien ha dicho, "El creyente es la única Biblia que algunas personas leen."

Porque Dios es inescrutable ha habido muchos intentos de explicarlo. Los atributos que han sido utilizados para describirlo son el esfuerzo débil de los hombres de explicar lo que no se puede explicar. Conocer a Dios, sin embargo, es asunto de llegar a conocer a su Hijo, Jesucristo. "El que me ha visto a mí, ha visto al Padre," dijo Jesús (Juan 14:9). Y el autor de la carta a los hebreos concuerda, Dios, habiendo hablado muchas veces y de muchas maneras en otro tiempo…en estos postreros días nos ha hablado por el Hijo…" (Hebreos 1:1, 2a)

Capítulo Dos

BOSQUEJO

I. La existencia de Dios (Deuteronomio 6:1-19)
II. La naturaleza de Dios (Deuteronomio 4:15-23)
III. Los atributos de Dios (Romanos 1:1-32)

INTRODUCCION

Durante aquellos años de la controversia "Dios está muerto," este autor, predicando en un culto abrió el mensaje con la declaración "Dios está muerto" y luego prosiguió a refutar la teoría. Una niña de como unos cuatro años, sentada en la primera fila con su madre, solo escuchó la frase "Dios está muerto." Al escucharla, miró hacia la cara de su madre y le preguntó, "¿De veras que está muerto, mamá"?

Si aquella controversia no tuvo otro efecto, por lo menos despertó a algunos creyentes acerca de la amenaza de doctrinas liberales a la fe de nuestros padres. La nueva doctrina posiblemente haya surgido porque la iglesia tan ineficazmente demuestra que sirve al Dios verdadero y vivo. Una fe muerta en los creyentes siempre es un testimonio al mundo que Dios está muerto. Si Dios no está vivo en los creyentes, el mundo no tiene razón para creer su testimonio de que Él es diferente en cualquier manera de los ídolos del mundo.

La manera de enfocar esta lección será más temática que una exposición de las Escrituras dadas en este capítulo. No se presentarán los hechos de este bosquejo en una sola área de las Escrituras, sino que deben ser recogidos de muchas. Al empezar un estudio de la lección, note primero la declaración del Tratado de los Bautistas Libres que expone la doctrina de Dios.

"Las Escrituras enseñan que hay un solo Dios viviente y verdadero, quien es Espíritu, existente por sí mismo, eterno, inmutable, omnipresente, omnisciente, omnipotente, independiente, bueno, sabio, santo, justo, misericordioso, el Creador, Preservador, y Gobernador de universo; el Redentor, Salvador, Santificador, y Juez de los hombres; y el único digno de adoración.

El modo de su existencia es, sin embargo, un tema muy por encima del entendimiento del hombre, los seres finitos no pueden comprenderle a fondo. No hay nada en el universo que pueda representarle justamente, porque no hay ninguno como Él. Él es la fuente de toda perfección y felicidad. Él es glorificado por toda la creación y es digno de ser amado y servido por toda inteligencia."

Aunque esta declaración no cubre todos los problemas y puntos de vista sobre la doctrina acerca de Dios, nos da un cuadro básico sobre el carácter de Dios.

I. LA EXISTENCIA DE DIOS
   (Deuteronomio 6:1-19)

Uno de los datos tempranos que el lector de la Biblia reconoce es que la Biblia nunca trata de probar la existencia de Dios. Aunque la Biblia llama "necio" aquel hombre que dice "No hay Dios," (Salmo 14:1; 53:1) solo da por sentado la existencia de Dios desde Génesis 1:1 y nunca pone ningún argumento para probarla. La Biblia sí argumenta que Él es único Dios en contraste con los ídolos que solo son vanidades.

Aquellos que niegan la existencia del único Dios verdadero pertenecen a uno de seis grupos: ateístas, agnósticos, panteístas, politeístas dualistas y deístas. Los ateístas niegan la asistencia de Dios. Los hay que niegan completamente la existencia de Dios. Hay otros que solo son ateístas prácticos en que son indiferentes a Dios. Los agnósticos son los que niegan la posibilidad de conocer a Dios. En cuanto a ellos, tal vez Dios exista, pero ellos no creen que el hombre pueda tener certeza.

El punto de vista panteísta es que todo lo que existe, sea objetos materiales o conceptos de la mente, se deriva de una sustancia única. La totalidad de todas las cosas es Dios. Los panteístas materialistas enseñan que la materia es la causa de toda existencia. Ambos niegan un dios personal. El dualismo lo traza todo a dos cosas distintas que no pueden ser reducidas. Algunos aún reclamarían dos dioses o dirían que tanto Dios como la materia (Satanás) son eternos.

El politeísmo, por supuesto, es el punto de vista de que hay muchos dioses. Esa ha sido la filosofía que ha sido el fundamento de la mayor parte de la idolatría del mundo. El deísmo es la creencia que enseña que hay un dios, pero que éste no se revela a sí mismo al hombre. Está completamente separado y aparte de su creación, y el hombre no lo puede conocer.

La creencia en Dios se aprende por intuición. Pablo nos dice "porque lo que de Dios se conoce les es manifiesto, pues Dios se lo manifestó." (Romanos 1:19). Sin embargo "… habiendo conocido (los paganos) a Dios, no le glorificaron como a Dios, ni le dieron gracias, sino que se envanecieron en sus razonamientos…y cambiaron la gloria del Dios incorruptible en semejanza de imagen de hombre corruptible..." (versículos 21, 23) En el próximo capítulo se menciona "la obra de la ley escrita en sus corazones." (2:15).

Este elemento religioso en la naturaleza del hombre ha sido hallado universal. En ninguna parte ha habido segmentos grandes de cualquier pueblo que tenían tendencias fuertes hacia el ateísmo. David Livingstone, uno de los primeros hombres blancos en visitar el corazón del África, dijo, "la existencia de Dios y de la vida futura están reconocidos en todas partes de África." La evidencia de Dios está tan clara que los hombres en todas partes aceptan su existencia como un hecho.

En Deuteronomio 6:4 empieza lo que los hebreos conocían como el *Shema*. Es meramente la primera palabra en hebreo del pasaje que comienza con la palabra "oye." Este pasaje no es un argumento para la existencia de Dios. Como con otras Escrituras, da por sentado que Dios existe. Este hecho se da por sentado, y luego se presenta la unidad de Dios: "Jehová nuestro Dios, Jehová uno es." El versículo que sigue esta introducción resume lo que Jesús llamó "el primer y gran mandamiento" de amar a Dios supremamente con todo nuestro ser.

Varios buenos argumentos se han ofrecido en defensa de la existencia de Dios. Estos argumentos no constituyen pruebas independientes de Dios, pero tomados en conjunto, la evidencia se acumula y se le añade a la creencia innata del hombre. Los argumentos principales son:

1. El argumento cosmológico, el cual expone que todo debiera tener una causa. El universo comenzó; por tanto, debe haber una causa para su existencia. Algo parecido a este argumento se ve en Hebreos 3:4 que dice "Porque toda casa es hecha por alguno; pero el que hizo todas las cosas es Dios." (Hebreos 3:4)

2. El argumento ontológico el cual declara que el mismo concepto de Dios es prueba de su existencia. La idea de un ser perfecto es alcanzada por una reflexión sobre el ser. Agustín dio la declaración clásica sobre este concepto cuando dijo, "Dios es más verdaderamente pensado que descrito, y existe más verdaderamente que los pensamientos acerca de Él." Esto quiere decir que la idea del hombre acerca de Dios es más verdadera a lo que es realidad que la descripción que se pueda dar de Él. Sin embargo, la idea expresada o no expresada es menos de lo que es la realidad.

3. El argumento teleológico enseña que el "orden y arreglo útil en un sistema infiere inteligencia y propósito en la causa que origina; el universo está caracterizado por orden y arreglo útil; por lo tanto, el universo tiene una causa inteligente y libre." En el Salmo 94:9 el salmista escribió "el que hizo el oído, ¿no oirá? El que formó el ojo, ¿no verá?"

4. El argumento moral muestra cómo la consciencia es evidencia del hecho de obediencia o desobediencia a una ley moral. Esto implica un dador de la ley. Esto tiene que ser Dios. También está involucrado el reconocimiento de la desigualdad entre la felicidad de los hombres buenos y hombres malos en la tierra. Debe haber un mundo futuro en que el árbitro todopoderoso juzgue las desigualdades entre los hombres.

5. El argumento de congruencia se basa en la creencia que una teoría que mejor explica los hechos relacionados sea probablemente la correcta. Una creencia en Dios es la mejor explicación de nuestra naturaleza mental, moral y religiosa; por lo tanto, Dios debe existir.

Es importante que el hombre tenga un conocimiento correcto de quién es Dios. Los filósofos y liberales en la religión lo han llamado "la mente eterna" (Platón) "La sustancia universal absoluta" (Spinoza), "una fuerza creativa" (Coffin). La Biblia usa varios términos para Dios. El término hebreo generalmente traducido Dios (Génesis 1:1) es Elohim, que probablemente significa el Poderoso y siempre se usa para designar al Dios Creador.

La forma más corta de Elohim, El, se usa frecuentemente en combinación con otras palabras para revelar aspectos de la naturaleza de Dios. El-Elyhon, Dios Altísimo (Génesis 14:18), El-Shaddai, Poderoso Dios, o Dios de suficiencia (Génesis 17:1) El Roi, el Dios que ve (Génesis 16:13). Yahveh, o Jehová (Versión American Standard) aparece poco en la versión King James (Rey Jaime). Los hebreos consideraban el nombre de Dios demasiado santo para pronunciarlo. Los traductores de la King James respetaban eso y sustituyeron LORD (el Señor) en su lugar. Ese término aparece también en combinaciones tales como Jehová-Jireh, el Dios que provee (Génesis 22:13), Jehová-Rapha (el Dios que sana (Exodo 15:26) o Jehová-Nisi, Dios, nuestro estandarte (Exodo 17:8-15).

Cada uno de estos nombres simplemente da más entendimiento al carácter de Dios. Cada hecho de Dios en la historia reveló algún aspecto nuevo sobre su ser. Tomados juntos, revelan el Ser que llamamos Dios. Una definición de Dios es "un ser personal, eterno, de conocimiento, poder y bondad absolutos."

Capítulo Dos

II. LA NATURALEZA DE DIOS
   (Deuteronomio 4:14-23)

Este pasaje de la Escritura trata de la naturaleza de Dios. Los hijos de Israel habían vivido en medio de la idolatría, y habían visto naciones a su alrededor que adoraban ídolos o dioses hechos de objetos materiales. La Palabra de Dios a ellos, por medio de Moisés señaló que el Dios que ellos servían no era uno que se podía percibir en un sentido físico: "…pues ninguna figura visteis el día que Jehová habló con vosotros de en medio del fuego;" Escucharon a Dios, pero no vieron ninguna forma física que podía ser imitada.

Aunque Dios es espíritu, y pudiera haber asumido alguna forma que podía ser percibida, no eligió hacer eso "para que no os corrompáis y hagáis para vosotros escultura (Deuteronomio 4:16). Fue por esa razón que Dios había dado uno de los Diez Mandamientos. Dios no era como ningún objeto terrenal, por lo tanto, dijo, "No te harás imagen, ni ninguna semejanza de lo que esté arriba en el cielo, ni abajo en la tierra, ni en las aguas debajo de la tierra" (Exodo 20:4).

Sobre este discurso de Moisés, él explicó aún más ampliamente el hecho de que no debían concebir a Dios de ninguna forma material, y luego amplió el área de prohibición para que reconocieran que cada área estaba prohibida. Eso incluía cosas "en la tierra" (versículo 17) "en el aire" (versículo 17), "en el agua" (versículo 18) o "en el cielo" (versículo 19). No había razón para que los hebreos perdieran el significado sobre Dios. Su ser era de tal naturaleza que el hombre no lo podía copiar. En este pasaje se da mayor énfasis al mandamiento por su repetición y la advertencia adicional en el versículo 23: "Guardaos, no os olvidéis del pacto de Jehová vuestro Dios, que él estableció con vosotros, y no os hagáis escultura o imagen de ninguna cosa que Jehová tu Dios te ha prohibido." Aún el pacto encerraba la prohibición contra el hacer imágenes.

ESPIRITUALIDAD

¿Qué es, entonces, la naturaleza de Dios? La espiritualidad es el elemento básico en la naturaleza de Dios. Jesús mencionó eso con la mujer samaritana (Juan 4:21-24). Dijo, "Dios es espíritu." Esto lo distingue de cualquier cosa relacionada con lo material.

Hay varias cosas relacionadas con la idea de "espíritu." (1) Dios es invisible. Pablo mencionó "la imagen del Dios invisible, y "al rey eterno…invisible" (I Timoteo 1:17) Todos los objetos materiales son visibles, pero no así el espíritu. (2) Dios es incorpóreo (no confinado a un cuerpo material). Jesús dijo, "un espíritu no tiene carne ni huesos" (Lucas 24:39). Dios no tiene partes corporales y pasiones como el hombre. El hombre está limitado debido a eso, pero Dios es ilimitado. Este hecho sobre Dios es porque la prohibición contra el hacer imágenes era tan fuerte. Porque Dios es invisible y sin cuerpo material, no puede ser visto por los sentidos físicos, pero puede ser conocido por el alma en el espíritu del hombre.

Por supuesto, la Biblia usa expresiones antropomórficas (dando características humanas) de Dios mencionando sus manos, pies, brazos, ojos y oídos. Dice de Él que ve, siente, oye y camina. Estos términos solo se usan para hacerle a Dios comprensible al hombre. El Dios ilimitado tiene que ser hecho comprensible al hombre limitado por estos medios.

Otro hecho a notar es que Dios puede, cuando elige hacerlo, manifestarse en forma visible. El "Espíritu que descendía del cielo como paloma" (Juan 1:32), y el Ángel de Jehová en el Antiguo Testamento (Génesis 16:7, 10, 13; 22:11) son ejemplos de eso. Fue algo de esta índole lo que los ancianos de Israel contemplaron cuando la Palabra dice que "vieron al Dios de Israel." Todo esto debe ser interpretado a la luz de Juan 1:18 que dice que "A Dios nadie le vio jamás."

Algunos arguyen que Dios debe tener un cuerpo, ya que el hombre es hecho a su imagen y semejanza. Pero esto no se refiere al cuerpo del hombre. El hombre tiene intelecto, voluntad, emociones y una naturaleza moral. Es en el ámbito de estos que lleva el hombre la semejanza a Dios. Todos estos son cualidades invisibles. El "…nuevo hombre, creado según Dios en la justicia y santidad de la verdad" es un ejemplo de estas cualidades.

PERSONALIDAD

Muchas de las cosmovisiones no-cristianas acerca de Dios no reconocen la personalidad como parte de la naturaleza de Dios. El Panteísmo no ve ninguna personalidad en Dios – solo una fuerza inconsciente que trabaja en el mundo. El politeísmo reconoce ídolos y los ídolos no tienen personalidad. La verdadera religión es comunión entre dos personas – Dios y el hombre. La verdadera religión no sería posible sin la personalidad en Dios.

Capítulo Dos

El Tratado Bautista Libre describe a Dios como el Dios verdadero y vivo. Los dioses ídolos están muertos y sin vida. No pueden caminar, hablar, oír o ver. Pablo los llamaba "estas vanidades" (Hechos 14:15). Pablo elogió a los tesalonicenses porque "...os convertisteis de los ídolos...para servir al Dios vivo y verdadero" (I Tesalonicenses 1:9).

Al pensar en la personalidad, pensamos en inteligencia, voluntad, autoconsciencia, individualidad y aún emoción. Los nombres dados a Dios en la Biblia indican personalidad: Jehová proveerá (Génesis 22:13-14) Jehová es mi pastor (Salmo 23:1), Jehová está presente (Jehová-sama) (Ezequiel 48:35). Los pronombres personales se usan de Dios de manera que solo indican personalidad (Juan 17:2).

Que Dios se arrepiente (Génesis 6:6) se duele (Génesis 6:6) se enoja (I Reyes 11:9), es celoso (Deuteronomio 6:15), ama (Apocalipsis 3:19), y odia (Proverbios 6:16) son atributos de la personalidad. Tales atributos no podían marcar una fuerza, o algún dios impersonal. Aún sus obras demuestran personalidad. Creó el universo y el hombre (Génesis 1:1, 26). Continúa sosteniéndolos y mantiene su creación en existencia (Colosenses 1:15-17; Hebreos 1:3).

Es en Jesús que el punto culminante de la revelación de la personalidad de Dios ocurre. Reveló a Dios como Padre que cuida de sus hijos. Los cabellos de su cabeza son contados. Ni un pájaro se cae sin que el Padre lo note, y su consciencia de sus hijos es mucho más grande que eso. Solo tienen que pedirle, y Él suple sus necesidades mientras que ellos pidan en fe, creyendo.

LA UNIDAD DE DIOS

Una discusión sobre la naturaleza de Dios estaría incompleta sin una mención de la unidad de Dios. Si no tenemos cuidado en nuestra enseñanza, podemos dejar la impresión que hay tres dioses: el Padre, el Hijo y el Espíritu Santo. La Biblia, no obstante, muestra en todas partes una unidad en la deidad: "Oye, Israel: Jehová nuestro Dios, Jehová uno es..." (Deuteronomio 6:4). Creer en tres dioses es triteísmo, el cual se parece al politeísmo, la creencia en muchos dioses.

La idea de la unidad de Dios no excluye nuestra creencia en una pluralidad de personas en la deidad, que es la Trinidad. Sin embargo, hay que tener cuidado al emplear la idea de una persona. No se debe usar en el sentido de individuos distintos y separado, o personas como normalmente lo usamos. Esto llevaría al triteísmo.

Puesto que la doctrina de la Trinidad es una revelación que no tiene comparación con cosas terrenales, es difícil que la mente humana la comprenda. He aquí unos hechos que se deben enfatizar cuando se enseña la doctrina: (1) en el Antiguo y Nuevo Testamentos, Dios es revelado como uno, (2) Esta unidad es fundamental, pero la Biblia también revela que Dios es más que unidad. Había una diversidad de manifestaciones de Dios. (3) En el Nuevo Testamento, e insinuado en el Antiguo, esta diversidad llega a verse como la Trinidad, (4) La obra del Padre, Hijo y Espíritu Santo es toda la obra de Dios, (5) La obra de cada uno es inclusiva del otro, (6) Es el segundo miembro, el Hijo, quien siempre manifiesta a Dios al hombre.

Siempre debemos tener cuidado de no tratar de simplificar a Dios. Dios es el Ser Supremo, ilimitado donde nosotros somos limitados. Siempre que tratamos de explicarlo en términos humanos, simplificamos demasiado y le hacemos menos de lo que Él es. Como dice nuestro Tratado, "los seres finitos no pueden comprenderle a fondo." Debemos aprender todo lo que podamos acerca de Él, y entonces recordar que Él es múltiples veces más grande que cualquier cosa que podemos descubrir - ¡Cuán Grande Es Él!

III. LOS ATRIBUTOS DE DIOS
   (Romanos 1)

Al discutir la naturaleza de Dios, el mayor énfasis estaba sobre la esencia o sustancia del ser de Dios. Los atributos de Dios son un análisis de su ser, o una descripción de su naturaleza y ser. Los atributos son maneras particulares en que Dios existe y obra. Hacen más claro al hombre, y más objetiva, la manera en que Dios existe y actúa.

Los atributos de Dios han sido divididos en varias categorías por diferentes autores. La mayoría los dividen en dos categorías, pero dan diferentes nombres a las categorías. Probablemente las categorías más usadas son los atributos naturales y morales o los morales y el no-moral. Como en "Fe Para Hoy," este autor usará las categorías natural y moral.

Los atributos naturales de Dios son aquellos que no conllevan la idea de carácter moral. Incluidos en nuestro tratado estos son "existente por sí mismo, eterno, inmutable, omnipresente, omnisciente, omnipotente, independiente." Los atributos morales, por supuesto son aquellos que conllevan la

Capítulo Dos

idea de carácter moral. Aquellos mencionado en el Tratado describen a Dios como "bueno, sabio, santo, justo y misericordioso." Note lo siguiente sobre cada uno de esos atributos.

EXISTENCIA PROPIA

El hombre depende de Dios para su existencia, por lo tanto, es una creatura dependiente. Dios, no obstante, solo depende de sí mismo. Como dijo Jesús, "El Padre tiene vida en sí mismo" (Juan 5:26). La base de su existencia está en si mimo, y no está afectado por ninguna fuente externa.

Aun la existencia del universo se puede comparar a la existencia de Dios. El universo, aunque grande, depende de Dios para su sostén (Colosenses 1:17) Tomás Aquino, el gran teólogo católico, dijo que Él es la "primera causa," pero Él mismo no es causado. Dios vive (I Timoteo 3:15) y es la fuente de todo lo que vive.

ETERNIDAD

Dios va más allá de las limitaciones del tiempo. Cuando un creyente llega a tener posesión de la vida eterna, eso solo se extiende a la eternidad futura. La eternidad de Dios se extiende a la eternidad que había antes de que el tiempo comenzara. El salmista expresó muy bien este pensamiento cuando escribió "Antes que naciesen los montes, y formases la tierra y el mundo, desde el siglo y hasta el siglo, tú eres Dios" (Salmo 90:2).

El tiempo, como el hombre lo conoce, es seguramente real a Dios, pues Él lo hizo. Pero, aunque Dios conoce el tiempo y lo reconoce, no está limitado por él como está el hombre. Dios existía antes de que el tiempo fuera, y seguirá existiendo cuando el tiempo deje de ser (Hebreos 1:10-12).

Dios es libre de toda secuencia de tiempo, porque Él hizo el tiempo. Como dijo un escritor al describir el atributo de la atemporalidad en Dios, "Es duración, sin comienzo o fin, existencia sin límites o dimensiones, presente, sin pasado o futuro. Su eternidad es juventud sin infancia o vejez; vida sin nacimiento o muerte; hoy, sin ayer o mañana."

INMUTABILIDAD

El atributo de inmutabilidad en Dios frecuentemente se malentiende. Debe ser reconocido que este atributo se usa en relación al carácter de Dios, y no en relación a su trato con los seres humanos. Cuando la Biblia habla de que Dios se arrepiente (Génesis 6:6; Jonás 3:10), esto no significa ningún cambio en el carácter y propósito de Dios. Dios no cambió su actitud hacia los Ninivitas, pero los Ninivitas mismos cambiaron. Cuando ellos cambiaron de injusticia a justicia, y de desobediencia a obediencia, la actitud de Dios sí cambió, pero no su carácter. El cambio se hizo de acuerdo a los principios de Su carácter.

Así es que por inmutabilidad nos referimos al hecho de que la naturaleza de Dios no cambia. En Malaquías 3:6 Él dijo, "Yo Jehová no cambio." Santiago nos escribió sobre "el Padre de las luces, en el cual no hay mudanza, ni sombra de variación." (Santiago 1:17). El carácter de inmutabilidad es la base de la fidelidad de Dios. Podemos confiar en todas las palabras de Dios, porque Él no cambia. Hay alguna evidencia de que la declaración "YO SOY EL QUE SOY," (Éxodo 3:14) podría ser traducida "Siempre yo seré lo que siempre he sido." La misma perfección de su naturaleza eliminaría cualquier cambio.

OMNIPRESENCIA

Al mencionar la omnipresencia de Dios queremos dar a entender que Dios está presente en todo lugar y en todo tiempo. Esto no significa que Él esté presente en el sentido corporal. Es una presencia espiritual y no material. En Jeremías 23:23-24 Dios preguntó, "¿Soy yo Dios de cerca solamente… no Dios desde muy lejos? ¿Se ocultará alguno, dice Jehová, en escondrijos que yo no lo vea? ¿No lleno yo…el cielo y la tierra?" Y el salmista escribió: "¿A dónde me iré de tu Espíritu? ¿Y a dónde huiré de tu presencia?" (139:7 – use también versículos 8-12)

OMNISCIENCIA

Dios sabe todas las cosas. Su conocimiento de todas las cosas es perfecto en todo sentido. Es absolutamente comprensivo como escribió Salomón: "Los ojos de Jehová están en todo lugar, mirando a los malos y a los buenos." (Proverbios 15:3). Este conocimiento perfecto cubre todo lo que hay en la naturaleza. Él aún sabe "el número de las estrellas; a todas ellas llama por sus nombres." (Salmo 147:4). Este conocimiento alcanza los detalles más pequeños, porque ni un pájaro "cae a tierra sin vuestro Padre." (Mateo 10:29). Tampoco su conocimiento es limitado por el tiempo. Conoce el pasado (Hechos 15:18), presente (Proverbios 5:21), y futuro (Isaías 48:5-8; 49:9, 10).

Capítulo Dos

OMNIPOTENCIA E INDEPENDENCIA

El poder de Dios es de una naturaleza tan ilimitada que Él puede cumplir todo lo que desea. Job dijo, "Yo conozco que todo lo puedes." (Job 42:2). Todo el poder en el universo, sea físico o espiritual, tiene su fuente en Dios. No hay límites a su poder, y aún Satanás está sujeto a él.

Porque Dios es omnipotente, omnisciente y existe por sí mismo, no tiene necesidad de depender de cualquier cosa que existe. Toda la creación existe por la voluntad de Dios, pero Él existía antes de su creación y no depende de ella para su continua existencia.

BONDAD

Todas las cualidades de Dios que responden a la concepción del hombre de la persona ideal, están incluidas en la bondad de Dios. Dios es bueno, y toda bondad está relacionada a Él (Marcos 10:18). La bondad no existiría fuera de Dios. Esta bondad de Dios incluye su amor, benevolencia, misericordia y gracia. La Biblia habla de Él como "el Dios de amor," (2 Corintios 13:11), como benevolente hacia a sus criaturas (Salmo 147:9, 15, 16), como "rico en misericordia" (Efesios 2:4), y como rico en gracia (Efesios 1:7).

SABIDURIA

"La sabiduría es la inteligencia de Dios manifestada en las decisiones que llevan a los objetivos más altos y a los medios más adecuados para lograr tales fines." (Thiessen). Solo Dios posee esta plenitud de sabiduría (Romanos 16:27). Esta sabiduría de Dios se manifiesta especialmente en el logro de su propia gloria.

SANTIDAD

Dios es absoluto en su santidad. La santidad del hombre es relativa. Está limitada por el pasado del hombre. Dios es separado de todo lo que hace impuro, y su ser no tiene nada de mal. El carácter de Dios siempre se conforma a lo que es verdadero, fiel, y justo. A Él se le llama "El Santo de Israel" más de treinta veces en Isaías. "Jehová nuestro Dios es santo" escribió el salmista (99:9; compárese Job 34:10, Isaías 57:15).

JUSTICIA Y MISERICORDIA

Incluido en la santidad de Dios está el elemento de severidad hacia el pecado, o sea, la justicia. Eso hace que Dios imponga leyes justas sobre el hombre y ejecute penalidades sobre las brechas de tales leyes. Esta justicia de Dios involucra su desprecio del pecado, pero relacionado a ello está la misericordia de Dios. Esta es aquella cualidad de su bondad que le guía a procurar el bienestar temporal y espiritual de pecadores. Cuando el hombre está en miseria y aflicción debido a sus transgresiones, Dios viene a su ayuda (Efesios 2:4,5).

Todas estas doctrinas deben estudiarse con la Biblia en la mano, reconociendo que la Palabra de Dios contiene todo lo que ha sido revelado sobre el carácter de Dios. Se pueden sacar deducciones de la naturaleza y la consciencia, pero es en la Palabra de Dios que la verdad sobre el carácter de Dios puede ser conocido.

Recuerde siempre que Jesucristo, el Hijo de Dios, es la revelación más grande de Dios. Lo que se observa como cierto de Cristo, es cierto también del carácter de Dios. El amor de Dios es la cualidad principal que se observa, sin embargo, su severidad contra el pecado se puede ver en la muerte de Cristo. Los pensamientos de hombres no se pueden comparar con lo que es revelado en Cristo.

3

La encarnación de Cristo

Trasfondo

Quizás no haya ninguna doctrina que ha sido atacada más viciosamente que la del nacimiento virginal, la cual está relacionada con la encarnación. Se puede decir con seguridad que ninguna doctrina ha sido tan indefinidamente entendida como la de la encarnación. ¿Cómo podría Dios el Hijo tomar sobre sí mismo la forma de carne pecaminosa, venir a morir por el hombre pecador, y permanecer divino?

La Biblia parece no anticipar ninguna dificultad con esta doctrina. Como todo el resto de la Palabra de Dios, si es aceptada por fe, la dificultad desvanece.

Es asombroso como los autores del Nuevo Testamento están de acuerdo sobre el tema de la divinidad de Cristo. Es decir, es asombroso desde el punto de vista humano. Si la inspiración de la Biblia es aceptada, no hay nada tan extraordinario sobre ella, porque ciertamente uno esperaría que el Espíritu Santo estuviera de acuerdo consigo mismo.

Pero debido a que incluso en las filas del cristianismo hay algunos que no aceptan la verdad de la encarnación, es necesario que aquellos que la aceptan puedan hablar sobre el tema con algún grado de claridad.

Dios definitivamente estaba en Cristo, reconciliando consigo el mundo.

Capítulo Tres

BOSQUEJO

I. La encarnación definida
   A. La Palabra hecha carne (Juan 1:1-5, 14)
   B. La semejanza de los hombres (Filipenses 2:5-11)
II. La encarnación defendida
   A. Identificación en el sufrimiento (Hebreos 2:9,10)
   B. Identificación en la carne (Hebreos 2:11-13)
   C. Identificación en la muerte (Hebreos 2:14-18)

INTRODUCCIÓN

Vamos a considerar algo que dijo Erich Sauer para una introducción a la doctrina de la encarnación. Escribió Sauer: "Y entonces lo incomprensible ocurrió. El Hijo abandonó el esplendor del Cielo, llegó a ser realmente un hombre como nosotros. Abandonando la forma eterna de Dios sobre todo mundo, Él voluntariamente entró en las relaciones humanas dentro del mundo. Dejando la totalidad de la forma divina que gobernaba el mundo, el "hijo entró a los límites del tiempo y el espacio de la criatura. La Palabra eterna se hizo un alma humana y se despojó a sí mismo de su poder como soberano sobre el mundo. Los que buscan su propia ventaja quizás se aferren tenazmente a sus posesiones extrañas, aun injustamente adquiridas, como si fuera presa merecida (Filipenses 2:6). Pero Él, la fuente primaria de amor, no consideró ni su propia posesión original y legítima – la forma divina y la posesión divina – como algo que debe ser mantenida a toda costa, sino que lo entregó para poder salvarnos. Descendió a las partes más bajas de la tierra (Efesios 4:9) para llevarnos, los redimidos, consigo, y dentro de Él, a los lugares más altos del cielo. Dios se hizo hombre a fin de que el hombre pudiera ser piadoso. Se hizo pobre por nosotros, para que nosotros, por su pobreza, fuésemos enriquecidos" (2 Corintios 8:9).

Así es que la encarnación es el punto central de nuestra salvación, y en realidad, el centro de la historia. Toda la historia gira alrededor de aquel momento cuando Dios se hizo hombre.

I. LA ENCARNACION DEFINIDA

A. La Palabra hecha carne
(Juan 1:1-5, 14)

Juan se vuelve casi formal en su presentación de "La Palabra" (El Verbo) que fue hecho carne. Estos primeros cinco versículos del primer capítulo de Juan nos dan idea acerca de quién era el Verbo y cómo Él era, que no se hallan en ninguna otra parte. Noten estos hechos básicos sobre el Verbo:

1. El Verbo era, o existía desde la eternidad (vv. 1-2).
2. El Verbo estaba con Dios en sus actividades (v. 1).
3. El Verbo era divino (v. 1).
4. El Verbo estaba tan relacionado con la creación que nada llegó a existir, sino por su poder (v. 3).
5. El Verbo era la fuente de vida, y se la impartió al hombre. (v.4)
6. El Verbo fue la fuente y el medio en que Dios se reveló al hombre. (v.5)

Juan nos introduce a "El Verbo" sin explicación alguna. Este vocablo generalmente se refiere a la palabra o al habla. Juan lo usa para referirse a la realidad de la persona de Dios que actúa. No es ninguna figura retórica, sino la Persona, El Hijo de Dios pre-existente, quien vino como Jesucristo en la forma del hombre. Fue Él quien manifestó a Dios de una manera en que no había sido manifestada en la Ley o los Profetas. Esta Escritura nos habla de Cristo antes de la encarnación.

Juan describe la pre-existencia eterna del Logos de varias maneras. (1) Estaba en el principio, (2) Estaba con Dios, (3) Era Dios, (4) Era el Creador de todas las cosas, (5) Era la fuente de vida, (6) Era la fuente de luz. El hecho de que Él estaba "en el principio" describe un estado en el cual existía e implica que Él mismo estaba sin comienzo. Esta existencia fue en estado duradero y sin limitación.

Es probable que las frases "era con Dios" y "era Dios" son una repetición de la misma idea: aunque Juan primordialmente quiere mantener la distinción de personas en la Deidad. El Verbo era con Dios, pero hay que distinguir entre la primera y la segunda persona; sin embargo, el Verbo era distintamente de la esencia de Dios. De hecho, Él era el mismo Dios.

El versículo 2 está escrito para asegurar que el lector entienda la distinción entre las dos personas de la Deidad. En realidad, hay una repetición de las dos primeras cláusulas del v. 1, y no se añade nada nuevo. Juan combina los dos pensamientos para llevar al lector a su declaración en el v. 3.

Capítulo Tres

"Todas las cosas por él fueron hechas" habla del mundo entero. Un autor bien ha dicho que las Escrituras no dicen explícitamente que Cristo hizo el mundo, para da la implicación que el Padre lo hizo por medio del Hijo. El Hijo no trabaja por sí solo, sino como la revelación del Padre. Pablo menciona el Padre del cual proceden todas las cosas…y un Señor Jesucristo, por medio del cual son todas las cosas…" (I Corintios 8:6) En otro lugar dice "…en él fueron creadas todas las cosas (Colosenses 1:16). Ambos pasajes usan "por" en el sentido instrumental.

En el versículo 3 Juan también está enfatizando dos hechos: la pre-existencia de Cristo el Logos y la creación de la materia. Algunos hombres debaten a favor de la naturaleza eterna de la materia. Los Gnósticos (una religión mística que combinaba la filosofía con el cristianismo) sostenía esta interpretación, y creían que la materia existía sin ser creada. El principio de gnosticismo quizás existía en el tiempo de Juan. Él definitivamente refuta tal teoría y demuestra que la materia fue creada, y que nada existió sino por la Palabra Divina.

Cuando Juan dice que en Él estaba 'la vida' no se refería solo a la vida espiritual y el restablecimiento de la felicidad perdida debido al pecado. La Palabra (Logos) era la fuente de la vida de las criaturas del universo. Verdaderamente Él es la fuente de la vida espiritual recuperada, pero también debe ser reconocido que Él da vida a los seres creados.

Una perspectiva particular sobre esa vida es que "la vida era la luz de los hombres." La luz es una condición de vida en el mundo material. Sin la luz, toda vida pronto se degeneraría y moriría. Eso es cierto también en el mundo espiritual. La condición de todo desarrollo y continuación de vida es en la luz. El Logos, o sea, La Palabra, es la fuente de esa luz. Esto no quiere decir solamente la enseñanza de Jesús, sino que se refiere a la iluminación e influencia del Hijo Eterno de Dios que sostiene la vida. Todo conocimiento, toda pureza, todo amor, toda felicidad resultan de la luz de la cual Él es la fuente. El versículo 9 dice: "Aquella luz verdadera, que alumbra a todo hombre, venía a este mundo." Reconociendo que "Dios es luz," Juan escribió en otra parte. "Si andamos en luz, como él esté en luz, tenemos comunión unos con otros, y la sangre de Jesucristo su hijo nos limpia de todo pecado (I Juan 1:7).

El mundo entero está bajo el maligno (I Juan 5:19). Satanás es el gobernante del reino de las tinieblas. Fue en esas tinieblas que la luz resplandecía (Juan 1:5). Aunque la luz resplandeciendo probablemente se refiera al proceso total de la Palabra Eterna brillando en las tinieblas del mundo, tanto en la revelación del Antiguo como el Nuevo Testamento. Cada aspecto de la revelación incluyendo cada fragmento dispersado recogido del Antiguo Testamento era importante, pero fue en Jesús que 'Aquella luz verdadera' (Juan 1:9) se hizo clara. La encarnación fue el punto culminante de la luz resplandeciente del cielo.

El comentario triste de Juan es que "las tinieblas no comprendieron la luz" (versión inglesa; compárese "no prevalecieron contra ella" en la Reina-Valera), y que "él vino a lo suyo, y los suyos no le recibieron." Su pueblo escogido no le conoció (Juan 1:11). Las tinieblas, por supuesto, se refieren al rechazo total de la revelación de parte del mundo. Las tinieblas del mundo no pudieron comprender la luz del Cielo, por el gran contraste con las tinieblas. Las tinieblas y la luz se excluyen mutuamente.

El punto culminante de Juan viene en el versículo 14 del capítulo 1. Esta palabra de Dios, pre-existente, que era la luz del mundo, vino al mundo. En este versículo él explica la manera en que apareció: "y aquel verbo fue hecho carne y habitó entre nosotros, (y vimos su gloria, gloria como del unigénito el Padre) lleno de gracia y de verdad." Cuando dice que "fue hecho carne," quiere decir que se hizo hombre y tomó sobre sí la naturaleza humana.

Es de esta declaración y otras semejantes que se deriva el concepto de la encarnación. La palabra "encarnado" significa "en la carne." El término se usa para describir lo que sucede cuando uno de un orden más alto que el del hombre, y de otra naturaleza, asume la apariencia de hombre, o llega a ser hombre. En esta instancia la segunda persona de la Trinidad, el Logos, llegó a ser un hombre, identificado como Jesús de Nazaret. Era verdaderamente Dios, pero por la encarnación, llegó a ser verdadero hombre también.

Que "el Verbo fue hecho carne" implica un cambio de estado. Cada hombre está en la carne, pues la palabra 'encarnación' no se usaría de su estado, porque no existía previamente. Pero aquel que hizo todas las cosas y tenía existencia previa y eterna solo como Espíritu, ahora entró al tiempo como hombre y 'habitó entre nosotros.' El Verbo vivió temporalmente entre los hombres como uno de ellos. En cuanto a su apariencia (externa) era un hombre. Él comía, bebía, dormía, y fue visto de parte de los hombres por más de 30 años. Durante ese período, Él tenía hambre, cansancio, y fue tentado. En cada manera, excepto el pecado, se identificó con la raza humana.

Juan pone cuidado, sin embargo, para que Jesús no se identifique solamente como hombre. Cuando estaba en la tierra y en la carne, "vimos su gloria, gloria como del unigénito del Padre…" La majestad, la dignidad y

Capítulo Tres

el esplendor del Logos era aquello que era apropiado al Hijo de Dios. Su rango y carácter se expresaban por sus obras y a través de eventos especiales en su vida. Juan había compartido con dos de los discípulos del 'círculo íntimo' aquella expresión de su gloria y majestad en la transfiguración en el monte.

Mientras el Verbo era hecho carne, estaba "lleno de gracia y de verdad." Estaba lleno de indicaciones de bondad. Como "el unigénito del Padre," sostenía una relación única con el Padre que no es posible para ningún otro hijo de Dios.

El Tratado Bautista Libre describe la encarnación así, "El Verbo, que en un principio estaba con Dios y el cual era Dios, por quien todas las cosas fueron hechas, condescendió a un estado de humillación al unirse a la naturaleza humana y hacerse igual a nosotros, exceptuando el pecado y la contaminación. En este estado como súbdito de la Ley, estaba expuesto a las enfermedades de nuestra naturaleza, fue tentando como lo somos nosotros, pero nos dio ejemplo de perfecta obediencia a las demandas divinas. Puesto que Cristo vino de la simiente de David, según la carne, es el Hijo del Hombre, y puesto que la existencia divina es la fuente de la cual procedió fue la única agencia por la cual fue engendrado, siendo el unigénito del Padre, es Hijo de Dios, y la única encarnación del Ser Divino."

B. La semejanza de los hombres (Filipenses 2:5-11)

Pablo desarrolla la verdad de la encarnación en este pasaje. Su énfasis está en la semejanza del Logos a la naturaleza de carne que asumió cuando "fue hecho carne y habitó entre nosotros." El pasaje fluye de la exhortación de Pablo a los Filipenses a que asumieran humildad. Al darles esta referencia a la encarnación, él pone el ejemplo de Cristo para reforzar el deber de ser humildes sobre los creyentes. La auto-negación de Cristo refuerza el deber sobre cada creyente de actuar siempre en una actitud de dar de sí mismo.

"Que haya en vosotros el mismo sentir," dijo Pablo, y luego interpretó cuál: "el que hubo también en Cristo Jesús." (v.5) La mente o la actitud (el sentir al cual Pablo se refiere es la actitud de Cristo que se negó a sí mismo), la cual permitió que Él se encarnara, que tomara sobre sí nuestra humanidad. Pero también incluyó su humillación adicional en que Él sufrió el sufrimiento más extremo mientras estaba en la carne, aún al punto de una muerte vergonzosa.

El versículo 6 explica el primer pensamiento mencionado aquí, "El cual, siendo en forma de Dios, no estimó el ser igual a Dios como a cosa a que aferrarse..." Esta frase anterior explica el estado de Cristo en su condición pre-encarnada. Estaba en "forma de Dios." Esta expresa divinidad. No incluye solamente la naturaleza de Dios, sino como lo describe el autor de la carta a los hebreos "el cual, siendo el resplandor de su gloria y la imagen misma de su sustancia..." (Hebreos 1:3)

Una prueba adicional que su divinidad está siendo enfatizada aquí se halla en la frase que dice "no estimó el ser igual a Dios como a cosa a qué aferrarse." Nadie puede malentender el concepto que Él era igual a Dios. Alford traduce esta frase de la siguiente manera: "no consideró su igualdad con Dios como algo que agarrar." Otro lo traduce que "su igualdad con Dios no era algo que Él tuviera que lograr." La divinidad de Cristo era una condición de Él desde la eternidad. No llegó a ser Dios, sino que siempre lo había sido. Era divino, y no fue necesario que lograra tal estado.

Aunque Cristo era divino, su encarnación requirió que le apareciera al hombre con una naturaleza diferente que la de Dios. Entonces Él no se adelantó a sí mismo "sino que se despojó a sí mismo." (v.7) En vez de usar sus poderes divinos como oportunidad para auto-exaltación, los usó para su propia humillación. La frase puede traducirse "se vació a sí mismo." Se interpreta generalmente que, en su forma pre-encarnada, Él dejó a un lado el ejercicio independiente de sus atributos relativos. Dejó, durante su estado de encarnación, de reflejar la gloria que tenía con el Padre en los lugares celestiales (Juan 17:5), pero luego la reasumió cuando fue glorificado.

El método que empleó para "despojarse" fue de tomar "la forma de siervo." Esto está en gran contraste con el versículo previo, pero nos da un cuadro exacto de la encarnación. El que era "igual con Dios" se vació a sí mismo, y tomó la forma de siervo.

Esta condición de siervo se describe más con la frase siguiente: "hecho semejante a los hombres." No era solamente un hombre, sino que esta "semejanza de hombre" debe interpretarse como que el Hijo de Dios fue manifestado en la carne y en la naturaleza del hombre. La forma de humildad fue el mecanismo por el cual se reveló a sí mismo a los hombres. El versículo 8 relata actos adicionales de aquella auto-humillación en la encarnación. Siendo hallado en esta apariencia de hombre, Pablo nos dice que "se humilló a sí mismo haciéndose obediente hasta la muerte..." Esto describe el alcance de la humillación de Cristo. El llegar a ser sujeto a la muerte en su condición

Capítulo Tres

de encarnación es también el punto culminante de su humillación. La encarnación hubiera sido sin sentido si Él no hubiera ido a ese extremo. De hecho, el propósito mismo de su venida fue "la muerte de cruz." Su vida en la carne no hubiera tenido significado para el hombre si Cristo no viniera en forma de siervo y semejante a los hombres.

Pero las consecuencias de la humillación de Cristo fueron su exaltación. Esta exaltación se comparte en los siguientes versículos. El que se despojó de la gloria que tenía anteriormente con el Padre, "Dios también lo ha exaltado hasta lo sumo (v.9). La humillación significó que el Hijo se iba a encarnar. La exaltación seguramente incluyó la resurrección de Cristo y su ascensión al Padre, y al tomar su posición a la diestra del Padre. Porque Él rindió obediencia voluntaria y perfecta al Padre, Éste le dio "un nombre que es sobre todo nombre." El Padre en un sentido, era mayor que el Hijo encarnado (Juan 14:28). Fue al Hijo encarnado que vino la exaltación. Jesús fue exaltado de ese estado bajo al trono del Cielo.

Este "nombre que es sobre todo nombre" ha sido interpretado de varias maneras. Algunos escritores lo han cambiado para que signifique la "gloria" dada a Jesús. No obstante, parece que Pablo se está refiriendo al mismo nombre Jesús, que fue el nombre que llevó el Hijo de Dios en su humillación. Es este nombre el que Él sigue llevando en su exaltación.

El versículo 10 parece confirmar esto porque es "en el nombre de Jesús que toda rodilla se doblará." Es la intención de la exaltación de Jesús desde la humillación de la encarnación, traerle a este punto de recibir alabanza y honor. Oración universal ha de ser ofrecida en el nombre de Jesús. La oración al Padre se ha de ofrecer en este nombre exaltado. "Invocando el nombre del Señor" llegó a ser sinónimo con la oración (Romanos 10:13, I Corintios 1:2).

Esta exaltación sería entre los ángeles "de los que están en los cielos," los hombres "y en la tierra," y aún entre los muertos "y debajo de la tierra." Su exaltación sería por aclamación universal, porque "toda lengua confiese que Jesucristo es el Señor…" (v.11). Igual que todos los que llegan a Dios lo harán "invocando el nombre el Señor," aquellos que invocan su nombre saldrán confesando su señorío. Reconocerían su divinidad y confesarían que Él es digno de adoración. El fin de la obra mediadora de Cristo, por supuesto sería "la gloria de Dios Padre." El fin de toda confesión de Cristo trae gloria a Dios, pues esto es el propósito de la obra de Cristo.

II. LA ENCARNACION DEFENDIDA

A. Identificación en sufrimiento (Hebreos 2:9-10).

El autor del libro de Hebreos quiso mostrar que la salvación en Jesucristo era mejor a cualquier cosa presentada en las Escrituras del Antiguo Testamento. La revelación en Cristo fue más completa que las revelaciones previas (Hebreos 1:1-2). Era mejor que los ángeles debido a su posición (1:4-14). Pero una de las "ventajas" principales de Jesús fue su identificación con el hombre por medio de la encarnación.

Por la encarnación, Él que era en cuanto a Dios "la imagen misma de su sustancia" (1:3) vino a una posición "un poco menor que los ángeles (2:9). El propósito de la encarnación fue "por el padecimiento de la muerte." Sus sufrimientos fueron necesarios para que Él pudiera ser nuestro Redentor. Esto se logró cuando el "gustó la muerte por todos." Que Él fue "coronado de gloria y de honra" es una referencia a su exaltación después de sus sufrimientos, que se analizó en la sección previa.

Los hay que han encontrado tal sufrimiento como el que Cristo sufrió como impropio a un miembro de la Deidad. El versículo 10 nos da la seguridad de que la humillación extrema en los sufrimientos no fue indigno ni impropio para la Segunda Persona de la Trinidad. Más bien, totalmente correspondía a su ser y fue digno de su sabiduría y amor. Porque convenía en que fue la manera más propia para Él lograr la voluntad y el propósito de Dios.

Los judíos veían la cruz como una ofensa fuerte. No correspondió a sus ideas sobre la gloria y el triunfo de un rey de parte del Mesías. Los creyentes judíos a quienes el autor de la carta a los hebreos dirigió su mensaje quizá compararan la humillación de Cristo en sus sufrimientos a ese concepto judío. Pero el autor de hebreos quería que tuvieran la idea completa sobre Cristo. Verdaderamente fue humillado en la encarnación y en los sufrimientos que lo identificaron con el hombre, pero era también importante que se dieran cuenta que la resurrección y exaltación de Cristo dieron promesa de la gloria futura que el compartiría con aquellos que han confiado en El.

El camino de sufrimiento y de la cruz sí era digno del propósito sublime de Dios. Él "por cuya causa son todas las cosas y por quien todas las cosas subsisten, quería "llevar muchos hijos a la gloria" por medio de la encarnación.

La perfección del "autor de la salvación de ellos" se refiere al logro o de hacer completa la gloria de Cristo. Esta gloria de Cristo, o sea su exaltación

Capítulo Tres

vino después de que Él hubo efectuado la mediación en la salvación del hombre. El fin propuesto o destinado fue la gloria de Cristo en todo esto.

B. Identificación en la carne (Hebreos 2:11-13)

Las palabras *"santificar"* y *"hacer santo"* son la misma en griego. Nuestra palabra "santuario" se refiere a un lugar hecho santo. "Santos" son personas que han sido hechas santas. La palabra se refiere a la selección de personas y su adopción para el servicio de Dios. Frecuentemente santidad inherente recibe énfasis en vez de la idea de "poner aparte" para el uso de Dios. En realidad, la santificación del creyente, o santidad es la gloria de Dios siendo cumplida en el creyente. No se ha terminado todavía en el sentido en que el creyente pueda reclamar una santidad natural e innata, como la que tiene Dios.

El versículo 11 nos informa que el que santifica para el uso de Dios y los que son santificados, "de uno son todos." Cristo es de Dios y Dios es la fuente de nuestra santificación. Ambos son del mismo linaje y tienen al mismo Padre Celestial. Cristo, aunque divino, de ninguna manera estaba avergonzado de la encarnación, la cual lo identificaba con el hombre. "por lo cual no se avergüenza de llamarlos hermanos." No podía avergonzarse porque su relación al hombre fue un medio por el cual Él podía lograr su gloria, y todas las cosas que le sucedieron se originaron en el plan y propósito de Dios.

Para reforzar el argumento el autor cita el Salmo 22:22. Este versículo está en el salmo profético entre los sufrimientos y la porción triunfante del salmo. El concepto aparentemente es que el que se identificaba en la carne con los hombres, aún hasta el punto de sufrimientos extremos, estaba igualmente dispuesto a ser identificado con ellos en su exaltación. Fue hecho "perfecto" y ahora "en medio de la congregación" Él está todavía dispuesto a reconocerlos como sus hermanos. Noten cómo el Señor se refirió a los discípulos como hermanos después de la Resurrección (Mateo 28:10; Juan 20:17).

La referencia exacta de la frase, "Yo confiaré en él," es difícil de precisar. Tal vez sea una referencia al Salmo 18:2 o Isaías 12:2. La segunda cita en el versículo 13 probablemente venga de Isaías 8:18. Ahí el profeta reprende al rey Acaz por su falta de confianza en el Señor y por ir a los asirios en busca de ayuda en tiempo de crisis. Estas palabras pueden ser proféticas del Mesías y sus discípulos en una situación posterior. Como Judá y el pueblo guardaban esperanza para un rescate futuro del sufrimiento en aquel día, había una glorificación venidera al Hijo de Dios después de su identificación en la carne y sus sufrimientos con la humanidad. Es un pensamiento bendito para el hombre saber que su Salvador se identificó con él.

C. Identificación en la Muerte (Hebreos 2:14-18)

Cristo fue identificado con el hombre en que nació de una mujer. Al compartir nuestra humanidad y vivir su vida como nosotros, Él se identificó aún más con nosotros. Tenía hambre, sed, cansancio y sueño, como todo hombre. Era verdaderamente humano en que compartía "carne y sangre" con la humanidad. Sin embargo, este acto de compartir la humanidad del hombre solo fue un medio por medio del cual Él podía identificarse con el hombre en la muerte. Dios había instituido la muerte como el castigo del pecado. Puesto que todos habían pecado, la sentencia de muerte estaba sobre todos los hombres y era necesario pagarla. Jesús se encarnó a fin de poder morir y pagar la pena por el pecado del hombre. Al liberar al hombre de la pena de muerte, Él le liberó del poder de Satanás y lo llevó a una relación renovada con Dios.

La muerte siempre había reinado en el ámbito humano. Génesis 5 es un comentario sobre aquella declaración que Dios había hecho a Adán y Eva que, si quebrantaran su mandamiento, morirían. El epitafio de todo hombre (con la excepción de Enoc (nota de traductor: y Elías) está escrito "y murió." El temor de la muerte mantenía al hombre en temor y sujeto a la esclavitud que acompañaba ese temor. Pero la venida de Cristo quebrantó ambos. (1) Liberó al hombre del temor de la muerte. (2) Quebrantó las cadenas del pecado que mantenían al hombre en la esclavitud del pecado. La naturaleza del hombre se inclinaba a pecar, pero por la redención hecha posible por la muerte de Cristo, el hombre ahora puede rendirse a Dios y al desarrollo de la santidad.

Hasta la venida de Cristo, la muerte siempre se veía como algo malo. Era la pena del pecado. Pero Cristo conquistó la muerte y quitó el aguijón. La intervención de Satanás en la muerte fue removida. Ahora podemos ver la muerte meramente como un canal por el cual pasamos de esta vida a una existencia eterna con Cristo. Como la muerte fue un paso para Jesús de humillación a una exaltación nueva y gloriosa, así es para el creyente un camino a una vida de triunfo y bendición. Por supuesto, para el incrédulo quien no se une por la fe con Cristo, queda un terror, porque es castigo para los pecados.

Jesús no se identificó con los ángeles. Ellos no están sujetos a la muerte (v.16). Más bien, "socorrió a la descendencia de Abraham," porque esta raza estaba sujeta a la muerte. La frase, "descendencia de Abraham," probablemente se refiere también a su identificación especial con la raza judía, la cual

Capítulo Tres

había sido especialmente escogida como vehículo para la revelación. "Vino a lo suyo, y los suyos no le recibieron." (Juan 1:11)

El versículo 17 muestra como era necesario para Él ser encarnado e identificado totalmente con el hombre para lograr su obra mediadora. La humanidad real, con sus sufrimientos, tentaciones y lástimas, estaba involucrada porque Él fue hecho "semejante a sus hermanos." Era necesario que el sumo sacerdote quien mediaba al hombre fuera tomado de entre los hombres. Un ángel no podía morir por el hombre. Si Dios, simplemente por su propio poder, hubiera pronunciado al hombre libre de su culpa, no hubiera sido un Dios justo: "Por lo cual debía ser en todo semejante a sus hermanos...para expiar los pecados del pueblo."

En realidad, debe ser reconocido que la obra sacerdotal de Cristo se realiza en los lugares celestiales (5:5-10, 6:19, 20) Su encarnación, sufrimiento y muerte, la identificación con nosotros; todos fueron pre-requisitos para Él siendo nuestro Sumo Sacerdote. No solamente su muerte, sino la presentación del sacrificio en el Lugar Santo logró la expiación de nuestros pecados.

Su identificación con nosotros se pone de relieve en el versículo 18. Es a través del poder de la compasión, adquirida por la encarnación, que sentimos especialmente su ayuda. Ciertamente, la encarnación no le dio ningún poder nuevo, pero para el hombre hay algo muy especial en que Él llegó a ser uno de nosotros. Que Él hizo lo que hizo por nosotros hace que la salvación sea aún más significativa para nosotros. Y con esto, el conocimiento de que el Dios-Hombre ahora intercede por nosotros como nuestro Sumo Sacerdote dándonos el ánimo en la medida que nos acercamos al trono del Dios Todopoderoso.

4

La expiación y mediación de Cristo

Trasfondo

Puesto que el tema de la expiación y mediación de Cristo es tan vital a una relación correcta con Dios, es bueno que podamos estar adecuadamente arraigados en la verdad de esas grandes doctrinas.

Todo estudiante de la Biblia está familiarizado con las expresiones sobre la sangre de Cristo y su poder para limpiar de pecado. "Sin derramamiento de sangre, no se hace remisión."

Uno necesita tener cuidado, sin embargo, de hacer de esta limpieza de pecado una cosa mecánica. Hay mucho más involucrado que solo un lavamiento, como el lavamiento de un artículo de ropa. La limpieza del alma por la sangre de Cristo es un acto dinámico vitalmente relacionado a la a vida de Cristo, porque "la vida está en la sangre."

Seguramente nadie diría que el Espíritu Santo literalmente toma el alma del cuerpo, la lava en la sangre del Cordero y vuelve a ponerla en el cuerpo. Pero algo tan real y más dinámico ocurre, y la sangre de Cristo, sí, limpia de todo pecado.

Tales declaraciones en cuanto a la sangre se usan en las Escrituras para indicar tan cerca como sea posible lo que sucede cuando un individuo confía en Cristo como Salvador y Señor. Si hubiera mejor manera de expresarlo, Dios lo hubiera usado. Pero hay que recordar que es más que una limpieza

Capítulo Cuatro

mecánica. Hay una recreación completa y la eliminación de toda la culpa y mancha de pecado.

Uno se debe acercar al tema con reverencia y con el deseo de aprender todo lo que sea posible, pero uno necesita darse cuenta que nunca se puede comprender completamente por mentes finitas.

BOSQUEJO

I. La sangre derramada de Cristo (Hebreos 9:15-26)
II. Los sufrimientos vicarios de Cristo (Hebreos 9:1-14)
III. El logro victorioso de Cristo (Hebreos 8:1-13, 9:27, 28)
IV. La obra intercesora de Cristo (Hebreos 7:25, 28)

INTRODUCCIÓN

Esta exposición, como muchas otras en esta serie doctrinal, no será de un pasaje particular de las Escrituras, sino de la doctrina particular que se está estudiando. Estos pasajes en Hebreos que exponen la idea general acerca de la expiación y la mediación servirán de trasfondo bíblico para el estudio.

La expiación está vitalmente ligada con la muerte de Cristo. En muchas instancias las dos se mencionan o se estudian como la misma cosa. A veces la muerte de Cristo o su expiación para el pecado del hombre se estudia como "la obra de Cristo." La obra total de Cristo incluiría sus obras de ganar almas. Sus muchas obras, las cuales fueron beneficiosas a los hombres, su ministerio de predicar y enseñar, y muchas cosas más. Pero todas no se comparan con su muerte para lograr nuestra expiación. Esta "obra" de Cristo fue una obra porque resultó de una decisión de su parte para beneficiar al hombre.

I. LA SANGRE DERRAMADA DE CRISTO (Hebreos 9:15-26)

Este siglo ha visto el surgimiento de la enseñanza que menosprecia "la teología de sangre." De aquellos que todavía enseñan que el hombre es redimido por la sangre del Cordero, se dice que siguen una "religión de matadero." Algunas líneas modernas del cristianismo han tratado de mostrar que la sangre derramada de Cristo no fue un elemento esencial en la contribución de Cristo a la salvación del hombre. Pero, la importancia de la muerte y la sangre derramada de Cristo se halla en el hecho que sus enseñanzas y todas las enseñanzas del Nuevo Testamento pierden su significado sin ella.

1. Las Escrituras del Antiguo Testamento predijeron el derramamiento de la sangre de Cristo por los pecados del hombre. Tanto en tipo como en profecía esto se revela. Muchos lo trazarían en tipo de la sangre derramada del animal que fue muerto para proveer ropa para cubrir la desnudez de Adán y Eva (Génesis 3:21). El sacrificio que costaba la sangre derramada de la víctima, se puede trazar del sacrificio de Abel (Génesis 4:4), la ofrenda que sustituyó a Isaac (Génesis 22:13) el Cordero Pascual antes del Éxodo de Egipto (Éxodo 12:1-28) y muchas más ofrendas antiguo testamentarias. La muerte de Cristo se anticipa en muchas profecías (Isaías 53:4-6, Salmo 22).

2. La muerte de Cristo es suficientemente importante para ser mencionada directamente más de 175 veces en el Nuevo Testamento. Su prominencia en el Nuevo Testamento se subraya por varios hechos: a) Es el propósito principal de la encarnación. Jesús dijo, "Porque el Hijo del Hombre no vino para ser servido, sino para servir, y para dar su vida en rescate por muchos" (Marcos 10:45). El autor de Hebreos escribió de Jesús "…que fue hecho un poco menor que los ángeles, a Jesús, coronado de gloria y de honra, a causa del padecimiento de la muerte, para que por la gracia de Dios gustase la muerte por todos (2:9). Si Jesús "apareció para quitar nuestros pecados…" (I Juan 3:5), debemos buscar aquel elemento de Su encarnación que tenía que ver con nuestros pecados. Pablo nos dice que Él fue "a quien Dios puso como propiciación por medio de la fe en su sangre" (Romanos 3:25). Así que Él vino no primordialmente para enseñar, poner un ejemplo, o predicar, sino a morir y derramar su sangre por nuestros pecados.

b) Su muerte y el derramamiento de su sangre es el tema básico del evangelio. Su muerte es un punto vital en el resumen de Pablo del evangelio (I Corintios 15:4). Juan escribe que "la sangre de Jesucristo su hijo nos limpia de todo pecado (I Juan 1:7). Pablo dijo que nosotros "habéis sido hechos cercanos por la sangre de Cristo (Efesios 2:13). Y Pedro, dando un resumen del mensaje del evangelio, declaró "sabiendo que fuisteis rescatados de vuestra vana manera de vivir, la cual recibisteis de vuestros padres, no con cosas corruptibles, como oro o plata, sino con la sangre preciosa de Cristo, como de un cordero sin mancha y sin contaminación" (I Pedro 1:18-19).

3. La doctrina de la sangre derramada de Cristo es esencial al cristianismo. No es una religión basada primordialmente sobre las enseñanzas de un hombre. Queda de pie o cae basada en la importancia de la sangre vertida

Capítulo Cuatro

de Cristo. Ciertamente, Jesús tuvo una ética tan alta como cualquier otro fundador de una religión. En verdad, era más alta. Pero el cristianismo se basa sobre la enseñanza que el hombre es un pecador y necesitaba un medio de expiación por sus pecados, y que en el derramamiento de la sangre de Cristo se realizó tal expiación.

Así, la muerte de Cristo es esencial a la salvación del hombre. Jesús tuvo que morir si el hombre iba a ser justificado y Dios podía permanecer justo. La ley de Dios había declarado la pena de muerte para el hombre si pecare. Ya que todo hombre pecó, la única manera en que Dios podía ser justo sería ejecutar la sentencia de muerte. Esto, sí, lo hizo, pero permitió que Jesús muriera en lugar del hombre (Romanos 3:25,26). Jesús declaró que su misión fue de morir "Desde entonces comenzó Jesús a declarar a sus discípulos que le era necesario ir a Jerusalén y padecer mucho de los ancianos, de los principales sacerdotes y de los escribas; y ser muerto, y resucitar el tercer día" (Mateo 16:21, compárense Marcos 8:31, Lucas 9:22).

4. La muerte de Cristo fue de gran interés al cielo. Qué interesante notar que los visitantes celestiales, Moisés y Elías, mientras se aparecían con Jesús en el monte de la transfiguración, "hablaban de su partida, que iba Jesús a cumplir en Jerusalén" (Lucas 9:31). Cuando Juan vio a los cuatro seres vivientes y los veinticuatro ancianos, ellos irrumpieron en una canción nueva alabando a Cristo y diciendo "Digno eres de tomar el libro y de abrir sus sellos; porque tú fuiste inmolado, y con tu sangre nos has redimido para Dios, de todo linaje y lengua y pueblo y nación (Apocalipsis 5:9).

Hay muchas interpretaciones incorrectas sobre el significado de la muerte de Cristo. Ninguna de esas interpreta el significado verdadero de Su sangre derramada. Éstas han llevado a conceptos no bíblico sobre la expiación.

Entre las teorías falsas sobre la expiación ha existido la que dice que la muerte de Cristo fue un rescate pagado a Satanás. Lo que es conocido como la *teoría gubernamental*, sostenía que, para mantener respeto por la ley de Dios, Dios dio ejemplo de su odio para el pecado en la muerte de Cristo. La *teoría del* mártir o ejemplo enseñaba que la muerte de Cristo era simplemente aquella de un mártir que fue muerto porque era fiel a sus principios. Lo único que el hombre tiene que hacer es reformarse y vivir ese ejemplo. La *teoría de la influencia moral* enseñaba que Cristo sufrió en y con sus criaturas porque Él tomó sobre sí mismo la naturaleza humana. Y el amor de Dios manifestado en la muerte de Cristo debía ablandar el corazón humano e influenciarles hacia el arrepentimiento. La *teoría del accidente* vería la muerte de Cristo como un accidente. Fue muerto por el pueblo de su día porque rechazaron sus enseñanzas. Su muerte no tuvo más sentido que la de cualquier otro buen hombre. La *teoría comercial de Anslemo* estaba más cerca a la verdad que las otras. Él enseñaba que el pecado viola el honor divino y merece castigo infinito. El honor de Dios tiene que ser vindicado y la sangre de Cristo es suficiente para lograr eso y satisface los reclamos divinos para que Dios pueda perdonar pecadores.

Todas estas teorías yerran en que no ven el punto vital de la necesidad de expiación, la cual se cumplió por la sangre derramada de Cristo. La Teoría Comercial llega más cerca, pero tambíen falla. Es la santidad de Dios la que es violada por el pecado del hombre. Esa es la violación que tiene que estar satisfecha por la sangre vertida para que Dios pueda perdonar el pecado y aceptar al pecador. Es en el sufrimiento vicario de Cristo por el pecador es que se halla el significado pleno de la expiación.

II. LOS SUFRIMIENTOS VICAROS DE CRISTO
   (Hebreos 9:1-14)

El derramamiento de Su sangre no fue por sus propios pecados. Pedro menciona que "el cual no hizo pecado, ni se halló engaño en su boca" (I Pedro 2:22). El autor de Hebreos escribió que Él "...fue tentado en todo según nuestra semejanza, pero sin pecado." (Heb. 4:15). Así es fue escrito que "Cuando haya puesto su vida en expiación por el pecado..." (Isaías 53:10) fue para el pecado de otros."

El término *vicario* se usa cuando algo se sustituye en lugar de otro. Así que los sufrimientos y la muerte de Cristo fueron vicarios porque Él sufrió en nuestro lugar. La enseñanza bíblica es siempre que Él murió por otros. Isaías enfatizó esto en su profecía. Escribió: "Mas el herido fue por nuestras rebeliones, molido por nuestros pecados; el castigo de nuestra paz fue sobre él, y por su llaga fuimos nosotros curados. Todos nosotros nos descarriamos como ovejas, cada cual se apartó por su camino; mas Jehová cargó en él el pecado de todos nosotros" (Isaías 53:5,6). En el Nuevo Testamento Pablo enfatizó la naturaleza vicaria de Su muerte cuando escribió "Que Cristo murió por nuestros pecados, conforme a las Escrituras (I Corintios 15:3). También escribió, "Al que no conoció pecado, por nosotros lo hizo pecado, para que nosotros fuésemos hechos justicia de Dios en él (II Corintios 5:21). Una y otra vez estas palabras muestran la naturaleza vicaria de su muerte. Él mismo dijo, "Porque el Hijo del Hombre no vino para ser servido, sino para servir, y para dar su vida en rescate por muchos" (Marcos 10:45).

La muerte vicaria de Cristo por nosotros es algo que no podemos entender. Según las leyes del país, ningún hombre podría pasar al frente y sufrir la pena de muerte de un criminal en su lugar. Ha habido objeciones a esta interpretación, pero ninguna suficientemente fuerte, sino que las Escrituras las refuta.

El hecho claro de la enseñanza de las Escrituras es que "cuando éramos pecadores, Cristo murió por nosotros" (Romanos 5:8). Fue Él quien "gustó la muerte por todos" (Hebreos 2:9). Dios, en su sabiduría hizo provisión para nuestra salvación por este medio. Aunque no podemos entender cómo Dios puede cobrar la deuda de nuestros pecados por medio de la obra de Cristo, aceptamos por la fe la Palabra de Dios, la cual enseña esto. Él voluntariamente tomó nuestro lugar. La deuda de pecado no será cobrada de nuestra parte si aceptamos la sangre derramada de Él como expiación de nuestros pecados. Como alguien escribió, "Este tipo de sustitución es desconocida para la ley; es una operación de gracia."

Se ha objetado que sería inmoral de parte de Dios castigar a un inocente, que la muerte de Cristo no es sustituta por esta razón. Este error tiene una gran debilidad en que se construye sobre la teoría que Cristo y Dios son seres diferentes y que Dios estaba castigando al Cristo inocente por el hombre culpable. Pero las Escrituras enseñan claramente que Cristo es Dios encarnado. El sustituto para nuestros pecados es Dios mismo. El Juez del hombre ha elegido pagar el castigo que Él mismo impuso. En la sabiduría de Dios, Él planeó nuestra salvación de tal manera que Él mismo pagaría nuestra pena. No es ningún castigo obligatorio pagado por Cristo, sino uno voluntario.

Si Cristo ha pagado la deuda para el pecado del hombre, ¿cómo, pues, puede Dios aún cobrar la deuda de los pecadores? La respuesta a esta pregunta es sencilla. El que pagó la deuda es el juez. El perdón es todavía opcional con Él. En su plan divino, Él ha escogido perdonar solo aquellos que se aprovechan de ese pago de su deuda por fe. La expiación vicaria es suficiente para salvar a todos. Es efectiva o eficaz solo para aquellos que cumplen con las condiciones que Dios puso: arrepentimiento y fe. El sacrificio de Cristo por nuestros pecados o Su obediencia no hace que la obediencia nuestra sea innecesaria. Llegamos a ser beneficiarios de la expiación cuando cumplimos con su condición.

La expiación de nuestros pecados se puede describir más allá como una satisfacción. La santidad de Dios ha sido ultrajada por el pecado. Por esta razón la ira de Dios ha sido revelada contra los pecados de los hombres y tiene que ser "satisfecha." Esta satisfacción es conocida como "propiciación" por Juan quien dijo, "En esto consiste el amor: no en que nosotros hayamos amado a Dios, sino en que él nos amó a nosotros, y envió a su Hijo en propiciación por nuestros pecados" (I Juan 4:10) La palabra *propiciar* conlleva el concepto de apaciguar la ira de Dios. Jesús dijo "El que cree en el Hijo tiene vida eterna; pero el que rehúsa creer en el Hijo no verá la vida, sino que la ira de Dios está sobre él (Juan 3:36). Pero entonces Juan escribió "Y él es la propiciación por nuestros pecados; y no solamente por los nuestros, sino también por los de todo el mundo" (I Juan 2:2). Así es que la muerte vicaria de Cristo por nuestros pecados apacigua la ira de Dios contra el pecado.

Su muerte también satisface la justicia de Dios. El pecado del hombre quebrantó la ley de Dios y así incurrió un castigo por el disgusto y condenación de Dios. La muerte vicaria fue provista "a fin de que él sea el justo, y el que justifica al que es de la fe de Jesús" (Romanos 3:26). Cuando el pecado que ha ofendido reclama la satisfacción provista en la muerte de Cristo con arrepentimiento y fe, ya no está bajo condenación.

No solamente se satisface la justicia de Dios, sino toda la ley de Dios queda satisfecha también. La ley requería obediencia perfecta, la cual el hombre en su estado caído no podía dar. Hay varias cosas: como nuestro sustituto, Cristo soportó todo lo que la ley requería. Sus sufrimientos por nuestros pecados y la obediencia Él ofreció a la ley, nos libraron de sus exigencias. Por su muerte, recibimos una justicia que satisface las exigencias de la ley. Es por Su justicia que somos justificados y restaurados a la comunión con Dios (Romanos 3:20-26).

El sufrimiento vicario y la muerte vicaria de Cristo también se han relacionado con otras tres ideas en el Antiguo Testamento. (1) La primera es expiación. En el Antiguo Testamento el concepto de expiación, sea por transgresiones individuales (Levítico 6:2-7) o pecados nacionales (Levítico 4:13-20) tenía que ver con la idea de "una cubierta por el pecado." El perdón, o la cubierta por el pecado, se hicieron posibles por la muerte de un sustituto. Después de la muerte de Cristo por nosotros, Pablo escribió, "Y no sólo esto, sino que también nos gloriamos en Dios por el Señor nuestro Jesucristo, por quien hemos recibido ahora la reconciliación" (Romanos 5:11). Así es que el concepto antiguo testamentario es un preestreno de lo que Cristo hizo por nosotros. La muerte de nuestro sustituto es la manera en que nuestra culpa se cubre (compárense Isaías 38:17; Miqueas 7:19).

(2) Otro pensamiento mencionado en relación a la muerte vicaria de Cristo es el concepto de reconciliación. Esta idea está estrechamente relacionada a la propiciación, y ésta se traduce "expiar" en Hebreos 2:17 donde el autor menciona la encarnación como un medio por el cual Cristo hace expiación por los pecados del pueblo. Las ideas están tan conectadas que cuando la propiciación (la ira divina es satisfecha) ocurre, la reconciliación (el que ofendió vuelve al favor divino) resulta.

Pablo escribe de esta reconciliación cuando dijo, "Porque si siendo enemigos, fuimos reconciliados con Dios por la muerte de su Hijo, mucho más, estando reconciliados, seremos salvos por su vida" (Romanos 5:10). Probablemente una buena interpretación de lo que reconciliación significa se halla en las palabras de Pablo que dice "y juntamente con él nos resucitó, y asimismo nos hizo sentar en los lugares celestiales con Cristo Jesús," (Efesios 2:6). En el versículo 16 del mismo capítulo él dijo que la muerte de Cristo fue para que "mediante la cruz reconciliar con Dios a ambos en un solo cuerpo, matando en ella las enemistades."

(3) La muerte vicaria de Cristo también se describe como un rescate. Un rescate es el precio pagado para poder librar al que está en esclavitud. Jesús describió Su muerte de esta manera cuando dijo, "El Hijo del Hombre no vino para ser servido, sino para servir, y para dar su vida en rescate por muchos" (Mateo 20:28; Marcos 10:45).

El pecado del hombre le trajo a esclavitud a la justicia de Dios. Para cancelar las reclamaciones contra el hombre, y para ponerle en libertad de esclavitud a Satanás, Cristo dio su vida como rescate. Así es que Cristo vino a ser identificado como nuestro Redentor (Gálatas 3:13; Apocalipsis 5:9).

III. EL LOGRO VICTORIOSO DE CRISTO
   (Hebreos 8:1-13; 9:27,28)

Varios pensamientos quizá puedan recopilarse bajo este tema. Ciertamente, el alcance de la expiación lograda por la muerte de Cristo está incluido. Aquella victoria de Cristo también involucró Su resurrección, ascensión y exaltación. Todos estos están incluidos en Hebreos 9:28 donde el autor escribió: "así también Cristo fue ofrecido una sola vez para llevar los pecados de muchos; y aparecerá por segunda vez, sin relación con el pecado, para salvar a los que le esperan."

El alcance de la muerte de Cristo ha sido limitado por ciertos seguidores de Calvino. Mientras Calvino reconoció la universalidad de la expiación en Cristo, algunos seguidores de él interpretaron las Escrituras para enseñar que la muerte de Cristo sólo fue para los elegidos. Así es que estos híper-calvinistas enseñaron una expiación limitada en contraste con la teoría arminiana que vino después y enseñó que fue para todo el mundo.

Es cierto que la muerte de Cristo fue primordialmente para los elegidos. ¿Acaso no dijo Pablo: "...porque esperamos en el Dios viviente, que es el Salvador de todos los hombres, mayormente de los que creen" (I Timoteo 4:10)? Como previamente fue mencionado, la muerte de Cristo fue suficiente para salvar a todos los hombres, pero eficaz sólo para los que creen. La muerte de Cristo fue para todos, pero su poder para salvar solo se aplica a creyentes. Así es que hay Escrituras que ponen énfasis en la muerte de Cristo por los elegidos. En Efesios 5:25, Pablo mencionó como Cristo "amó la iglesia, y se dio a sí mismo por ella."

El énfasis fuerte de las Escrituras, está, sin embargo, sobre el hecho que Cristo murió por los pecados de todo el mundo. Juan el Bautista, al ver a Jesús, lo mostró a sus propios discípulos con las palabras, "He aquí el Cordero de Dios que quita el pecado del mundo" (Juan 1:29). Pablo, escribiendo a Tito, habló diciendo, "Porque la gracia de Dios se ha manifestado para salvación a todos los hombres," (Tito 2:11). Y a Timoteo él escribió del Cristo "el cual se dio a sí mismo en rescate por todos..." (I Timoteo 2:6). El autor de Hebreos vio como "...por la gracia de Dios gustase la muerte por todos" (2:9). Y Juan escribió de Él quien murió no solamente por nuestros pecados, "sino también por los de todo el mundo" (I Juan 2:2).

Resumiendo esta idea, Strong ha escrito: "Su muerte aseguró para todos los hombres una demora en la ejecución de la sentencia contra el pecado, lugar para arrepentimiento, y las bendiciones comunes de la vida que quizá hayan sido perdidas por la transgresión: quitó de la mente de Dios todo obstáculo al perdón del penitente y la restauración del pecador, excepto su oposición complaciente a Dios y rechazo de Él; procuró para el incrédulo los incentivos poderosos para arrepentirse presentados en la cruz, por medio de la predicación de los siervos de Dios, y por la obra del Espíritu Santo."

El punto culminante de este logro victorioso de Cristo vino en su resurrección. Fue la resurrección la que garantizó la validez de todo lo que ocurrió antes. Sus enseñanzas que era el Hijo de Dios, su muerte por nuestros pecados, y todas sus afirmaciones de Deidad fueron validadas en la resurrección.

Capítulo Cuatro

La resurrección de Cristo es la doctrina fundamental del cristianismo. Aunque los liberales la niegan como un acontecimiento real, los Bautistas Libres se aferran a ella tan tenazmente como Pablo. Él dijo que "si Cristo no resucitó", (1) vana es entonces nuestra predicación (I Corintios 15:14), (2) la fe de los creyentes es vana (versículo 14), (3) el testimonio de los apóstoles es falso (versículo 15), (4) los corintios todavía estaban en sus pecados (versículo17), (5) aquellos que murieron en Cristo han perecido (versículo 18), (6) y los creyentes son los más dignos de conmiseración de todos los hombres (versículo 19). Tanto Pablo como la iglesia neo testamentaria hicieron de la resurrección una parte esencial del cristianismo (Hechos 2:24; 3:15, 26; 4:10).

Dos hechos más son importantes en cuanto a la resurrección. La resurrección perfecciona nuestra salvación y hace su aplicación a nuestra vida posible, y su resurrección confirma todos los milagros de la Biblia. Si no creemos en el milagro de la resurrección, no es necesaria la creencia en los demás.

La victoria de Cristo representada por la resurrección está vinculada a los siguientes hechos relacionados a nuestra salvación:

1. Nuestra reconciliación (Romanos 5:10)
2. El deshacernos del pecado en nuestras vidas (Romanos 6:10,11)
3. Nuestra comunión con Cristo (I Tesalonicenses 5:10)
4. Su señorío en nuestra vida (Romanos 14:9)
5. Su sacerdocio celestial (Romanos 8:34)
6. La unión futura de Cristo con su novia, la iglesia (I Tesalonicenses 4:14-ss)
7. La perpetuación del amor del Padre (Juan 10:17).

Así es, puede contemplarse que la resurrección es el fundamento de todas las cosas en la vida nueva del creyente en Cristo. La resurrección hizo posible la fe. Hizo disponible para el creyente todo lo que se logró en la cruz.

La realización victoriosa de Cristo involucra también Su ascensión y exaltación. La ascensión tiene que ver con el retorno de Cristo al cielo en su cuerpo resucitado. Aunque Marcos menciona la ascensión (16:19), es Lucas quien da los detalles de ese evento (Lucas 24:50,51; Hechos 1:9). Pablo enseña sobre ella en sus epístolas también (Efesios 4:8-10; Filipenses 2:9; I Timoteo 3:16). Pedro se refiere a Cristo así "quien habiendo subido al cielo..." (I Pedro 3:22).

Los liberales niegan la ascensión verdadera, como también niegan la resurrección literal. Pero la fe verdadera en Cristo depende de estos hechos, porque nuestra esperanza en el regreso de Cristo se basa en su regreso de la misma manera en que se fue.

La exaltación de Cristo es el acto del Padre en darle al Cristo ascendido la posición exaltada a su diestra. Incluyó el otorgamiento de la honra y poder que se merecen tal posición. Las Escrituras mencionan varias cosas encerradas en esa exaltación:

1. Él fue "coronado de gloria y de honra" (Hebreos 2:9).
2. Recibió un nombre que es sobre todo nombre (Filipenses 2:9).
3. Los ángeles, las autoridades y los poderes están sujetos a Él (I Pedro 3:22).
4. Todas las cosas están sometidas bajo sus pies (Efesios 1:22)
5. Él funge como cabeza de la iglesia (Efesios 1:22; Hebreos 4:14).

Como resultado de su ascensión y exaltación, Él es objeto de adoración para todos los creyentes (I Corintios 1:2). Es de su posición allá que Él continúa su ministerio sacerdotal en el Cielo (Hebreos 5:1-10, 6:20, 7:21) y otorga dones espirituales a creyentes (Efesios 4:8-13).

IV. LA OBRA INTERCESORA DE CRISTO (Hebreos 7:25-28)

Concerniente a la obra intercesora de Cristo, el Tratado de Los Bautistas Libres hace la siguiente afirmación: "Nuestro Señor no sólo murió por nuestros pecados, sino que resucitó para nuestra justificación, y ascendió al cielo, donde como único Mediador entre Dios y los hombres hace intercesión por nosotros hasta que venga otra vez." Esto habla de un aspecto muy importante de la relación continua de Cristo con el creyente.

Aunque a veces se refiere a la obra entera de Cristo como su obra intercesora o de mediación, esta afirmación trata específicamente de aquella obra intercesora actual de Cristo, la cual ocurre continuamente en el Cielo. El autor de Hebreos dice que Él vive "siempre para interceder por ellos" (Hebreos 7:25). Esto se refiere a aquella mediación continua y efectiva a favor de los creyentes, quienes han venido a Él para salvación.

Los bautistas libres no creen que los hombres son salvos y han entrado en un estado del cual no pueden caer. Sin embargo, creen que el que hizo tanto para salvarnos hará aún más para guardarnos salvos. Pablo, escribiendo a los Romanos, dijo: "Mas Dios muestra su amor para con nosotros, en que, siendo aún pecadores, Cristo murió por nosotros. Pues mucho más, estando ya jus-

Capítulo Cuatro

tificados en su sangre, por él seremos salvos de la ira. Porque si siendo enemigos, fuimos reconciliados con Dios por la muerte de su Hijo, mucho más, estando reconciliados, seremos salvos por su vida" (Romanos 5:8-10). Así es que vemos que Él es activo en cuanto a nuestra salvación en todo momento. Por eso, Él "…puede…salvar perpetuamente a los que por él se acercan a Dios…" (Hebreos 7:25), pues Él está involucrado en esta obra continua.

Se ve que esta obra particular de intercesión se hace a favor de los creyentes en Cristo. La gran oración de Cristo en Juan 17, la cual es típica de su intercesión a favor de creyentes, por aquellos que están especialmente unidos a Él. Pablo en su carta a los romanos dijo, "¿Quién es el que condenará? Cristo es el que murió, más aún, el que también resucitó, el que además está a la diestra de Dios, el que también intercede por nosotros" (Romanos 8:34). Esto se parece al pensamiento dado por el autor de Hebreos quien escribió: "Porque no entró Cristo en el santuario hecho de mano, figura del verdadero, sino en el cielo mismo para presentarse ahora por nosotros ante Dios" (Hebreos 9:24).

El creyente es salvo, pero su condición es de tal naturaleza que necesita la intercesión continua de Cristo a su favor. Las Escrituras citadas arriba se refieren a la intercesión específica de Cristo, pero podemos estar seguros que Su intercesión por nosotros se relaciona a aquella intercesión del Espíritu Santo por nosotros, la cual menciona Pablo. De aquella intercesión escribió Pablo, "Y de igual manera el Espíritu nos ayuda e nuestra debilidad; pues qué hemos de pedir como conviene, no lo sabemos, pero el Espíritu mismo intercede por nosotros con gemidos indecibles (Romanos 8:26).

Los creyentes que pecan verán la intercesión de Cristo especialmente efectiva en sus vidas. La admonición específica de las Escrituras a creyentes es "no pequéis." Pero Juan, como padre, reconociendo las debilidades en los creyentes escribió una receta a creyentes, "y si alguno hubiere pecado," dijo, "abogado tenemos para con el Padre, a Jesucristo el justo: Y él es la propiciación por nuestros pecados; y no solamente por los nuestros, sino también por los de todo el mundo" (I Juan 2:1,2). De esta manera nos describió el Gran Abogado o Intercesor quien diariamente está involucrado en la continuación de nuestra salvación. El autor de Hebreos lo describe como "autor y consumador de nuestra fe."

5

El Espíritu Santo, su obra y su persona

Trasfondo

A los apóstoles y otros creyentes neo testamentarios, quienes habían sido enseñados toda su vida que había un solo Dios, no les fue difícil reconocer que Jesús era divino. Cuando Pablo llegó a estar convencido que Jesús estaba de veras vivo, inmediatamente empezó a proclamar que Jesús era el Hijo Divino de Dios.

Tampoco fue difícil para los creyentes del tiempo del Nuevo Testamento reconocer que el Espíritu Santo era divino. Ellos simplemente aceptaron el hecho y no se preocuparon sobre la doctrina.

No fue hasta tiempos posteriores que los hombres empezaron a cuestionar la doctrina de la Trinidad, y por medio de examinación cuidadosa y comparaciones de varias porciones de las Escrituras, los eruditos bíblicos pudieron formular lo que es conocido como la Doctrina acerca del Espíritu Santo.

Cada cristiano debe tener cuidado para evitar los extremos en cuanto a la doctrina sobre el Espíritu Santo – los arranques emocionales que algunos atribuyen a la presencia del Espíritu Santo, por un lado, y el evitar cualquier mención del Espíritu Santo por no ser clasificado como fanático. Sería bueno recordar que casi cualquier extremo es incorrecto.

Hay un nuevo interés que está siendo mostrado en la llamada doctrina sobre el hablar en lenguas en relación con el Espíritu Santo. Es bueno notar que la Biblia predice la cesación de lenguas (I Corintios 13:8) y el versículo 13 indica que ya este era el caso "y ahora permanecen la fe, esperanza y el amor, estos tres; pero el mayor de ellos es el amor." En I Corintios 12:31 Pablo escribe que el camino aún más excelente (mejor que lenguas, milagros, etc.) es el camino del amor.

La espiritualidad no se debe medir por arranques emocionales, sino por la vida cristiana consecuente del creyente.

BOSQUEJO

I. El Espíritu Santo como persona (Juan 16:1-15)
II. La obra del Espíritu Santo (Hechos 1:3-8; 2:1-21; 13:1-5)
III. El Espíritu Santo en la Trinidad (I Juan 5:6-9)

INTRODUCCIÓN

Los creyentes usualmente tienen menos conocimiento sobre el Espíritu Santo que con los otros dos miembros de la Santa Trinidad. En realidad, el caso debe ser todo lo contrario. El Espíritu Santo es aquella Persona de quien el creyente debe tener conocimiento y consciencia continuos. Jesús estaba en la tierra y conocido entre los hombres, pero cuando se fue Él envió al otro Consolador para que los creyentes pudieran siempre vivir con la presencia de Dios en su vida. El Espíritu Santo es ese Consolador y fue el cumplimiento de "la promesa del Padre" a creyentes.

Fanatismo ha surgido en muchos círculos en cuanto a la presencia en las vidas y sobre qué constituye "evidencia" del Espíritu Santo. Algunos han insistido que un don de hablar en lengua extraña es la única evidencia verdadera del don del Espíritu. Otros buscan una evidencia externa de "espiritualidad" la cual asocian con la presencia del Espíritu Santo en una vida. Probablemente sea tal fanatismo el que ha llenado a muchos en las iglesias con un miedo extraño del Espíritu Santo.

En este estudio sobre el Espíritu Santo, cada uno de nosotros debe esforzarse para encontrar algún concepto del Espíritu que nos permitirá entender mejor la obra del Espíritu Santo y rendirle mayor obediencia.

I. EL ESPÍRITU SANTO COMO PERSONA (Juan 16:1-15)

El Espíritu Santo es un ser personal. De alguna manera, en contraste con el Padre y el Hijo, a algunos les parece que el Espíritu Santo es impersonal. Probablemente el uso del vocablo espíritu ("ghost, o fantasma en la versión King James en inglés) en su nombre contribuye a hacerlo más impersonal que el nombre de un Padre o Hijo. Pero como dice nuestro Tratado: Las Escrituras atribuyen al Espíritu Santo los hechos y los atributos de un ser inteligente. Él guía, conoce, se mueve, da información, manda, prohíbe, envía, reprueba y se puede pecar contra él."

Es probable que los hechos secretos y místicos del Espíritu Santo añaden a este sentir que Él es impersonal. Porque su obra es el obrar invisible en los corazones de los hombres, es fácil concebir de Él como una influencia o poder en vez de un ser personal. De hecho, los hay que prefieren verle meramente como la manifestación de la naturaleza divina o la influencia de Dios.

Aún los nombres dados al Espíritu Santo sugieren una falta de personalidad. Espíritu o fantasma (inglés, KJV; ambos son traducciones de la misma palabra griega) también pueden traducirse aliento, viento o poder. Los símbolos que se usan para hablar del Espíritu son de igual manera de una naturaleza impersonal. Jesús comparaba el movimiento del Espíritu en su obra al viento (Juan 3:8). Su venida en Pentecostés se describe en términos que describían "…lenguas repartidas, como de fuego…" (Hechos 2:3) o "un viento recio" (2:2).

El término espíritu es neutral. La versión King James (inglés) usa el pronombre neutro al hablar del Espíritu Santo, pero lo corrige en la versión Revised American Standard (Romanos 8:16, 26).

Las pruebas para la personalidad del Espíritu Santo son numerosas. En contraste a lo que se ha dicho hasta ahora, se debe notar que al Espíritu Santo se le dan nombres que indican personalidad. Es probable que el más significativo lo da Jesús, quien llamaba al Espíritu el Consolador (Juan 14:16; 16:7). Esta misma palabra se usa de Cristo en I Juan 2:1 (*abogado* en el griego es la misma que *consolador*). ¿Acaso no habló Jesús en su declaración original de "otro" Consolador? Ninguna influencia o poder impersonal podía llenar tal posición.

Aunque el pronombre neutro se usa del Espíritu Santo, hay más veces que se usa el pronombre personal masculino cuando se refiere a Él. Por ejemplo,

Capítulo Cinco

se emplea de Él doce veces en Juan 16:7,8, 13-15. La palabra espíritu es neutra y debe requerir un pronombre neutro, pero en estas instancias específicamente no se usa.

Otra evidencia de personalidad se encuentra en la identificación del Espíritu Santo con el Padre y el Hijo. La fórmula bautismal dada por Jesús en Mateo 28:19 prácticamente requeriría la identificación del Espíritu como Persona: "en el nombre del Padre, y el Hijo y el Espíritu Santo." Siendo en el "nombre" en vez de "nombres," la implicación es que los tres son personas iguales. El mismo argumento se podría usar de la bendición apostólica de Pablo. En ella, él deseaba para los Corintios las bendiciones de "la gracia del Señor Jesucristo, y el amor de Dios, y la comunión del Espíritu Santo…" (2 Corintios 13:14). Otra vez, el énfasis es de tal índole que implica igualdad de personas.

El Espíritu Santo está identificado con los cristianos de tal forma que presupone una persona en vez de una influencia. Pablo, hablando en Hechos 15:28 dijo, "Porque ha aparecido bien al Espíritu Santo, y a nosotros, no imponeros ninguna carga más que estas cosas necesarias." Esto no podría decirse de una mera influencia. En Romanos 15:13 Pablo deseaba para los romanos que "…para que abundéis en esperanza por el poder del Espíritu Santo." Si el Espíritu Santo es solo un poder o influencia, esto se leería, "por el poder del poder." Esto hace que el pasaje sea sin sentido, aún absurdo.

Características personales se adscriben al Espíritu Santo. En I Pedro 1:11 se ve que el Espíritu Santo posee conocimiento de las cosas profundas de Dios, aún un conocimiento previo de los sufrimientos de Cristo. Pablo entendía que el Espíritu de Dios tenía conocimiento de las verdades más profundas de Dios (I Corintios 2:10,11). La posesión de una mente es una característica de verdad, y la Palabra la da al Espíritu Santo (Romanos 8:27). Los dones espirituales son recibidos del Espíritu Santo, según Pablo (I Corintios 12:4, 11).

Probablemente una de las evidencias más fuerte de la personalidad del Espíritu Santo se encuentra en las obras que hizo. El Espíritu Santo habla, como está escrito en Apocalipsis 2:7, "El que tiene oído, oiga lo que el Espíritu dice a las iglesias…" El Espíritu comunicó a los apóstoles que no debían ir a Bitinia (Hechos 16:7). Fue el Espíritu Santo quien al principio dirigió a Pablo y a Bernabé en su viaje misionero, diciéndole a la iglesia en Antioquía, "Apartadme a Bernabé y a Saulo para la obra a que los he llamado" (Hechos

13:2). El Espíritu intercede por los creyentes de una manera que solo una persona lo podía hacer (Romanos 8:26)

Aún otro hecho que demuestra personalidad en el Espíritu Santo es que es susceptible al trato personal. El pecado contra el Espíritu Santo lo presentó Jesús como más serio que el pecado contra el que es el Hijo de Dios. Jesús dijo, "Todo pecado y blasfemia contra el Hijo del Hombre, le será perdonado; pero al que hable contra el Espíritu Santo, no le será personado, ni en este siglo ni en el venidero" (Mateo 12:31) Esto es probablemente lo mismo que "afrenta al Espíritu de gracia" mencionada por el autor de Hebreos (10:29). Es probablemente el pecado por el cual Juan dijo "por el cual yo no digo que se pida" (I Juan 5:16).

El Espíritu Santo, por maltrato personal puede ser entristecido. Pablo amonestó en Efesios 4:30: "Y no contristéis al Espíritu Santo de Dios, con el cual fuisteis sellados para el día de la redención." Pedro aparentemente pensaba que el Espíritu Santo era una Persona, porque entendía que se le podía mentir. En Hechos 5:3 acusó a Ananías de eso mismo. En el mismo episodio acusó a este hombre y Safira su esposa de ponerse de acuerdo "en tentar al Espíritu del Señor."

En todos estos ejemplos y a lo largo del Nuevo Testamento se presenta al Espíritu Santo como una Persona viva y vital en relaciones interpersonales. Pero, el Espíritu Santo no es solamente una Persona. Es una Persona divina, poseyendo todas las características de deidad.

El Tratado de Los Bautistas Libres enseña esto al decir: "Los atributos de Dios se le atribuyen al Espíritu Santo." La Biblia no va al mismo punto en describir estos atributos para el Espíritu Santo, como hace en el caso del Padre, pero no hay necesidad de hacerlo. El Santo es Dios y por consiguiente llevaría todos los atributos adscritos en otra parte a la Deidad. Al Espíritu Santo se le describe como eterno. En Hebreos 9:14 la referencia al Espíritu es a "el Espíritu eterno." El salmista va lejos al describir la omnipresencia del Espíritu de Dios en el Salmo 139:7-10. El Espíritu Santo es omnipotente porque en Lucas 1:35 su poder se hace paralelo con "el poder del Altísimo." Su omnisciencia se pone de relieve en I Corintios 2:10, 11.

Las Escrituras además adscriben obras divinas al Espíritu Santo. El Tratado alista éstas como: creación, inspiración, dador de vida y santificación. En Génesis 1:2 el autor dice "y el Espíritu de Dios se movía sobre la faz de las aguas." Parece que se refiere a esta actividad del Espíritu en la creación también en Salmo 104:30. Y Job reportó "El Espíritu de Dios me hizo, Y el soplo del Omnipotente me dio vida" (33:4).

Fue Pedro quien escribió de la actividad del Espíritu en la inspiración de las Escrituras. Dijo, "...que los santos hombres de Dios hablaron siendo inspirados por el Espíritu Santo" (II Pedro 1:21) A Nicodemo Jesús describió la obra del Espíritu Santo en el nuevo nacimiento. Siendo "nacido de nuevo" (Juan 3:3) se hace sinónimo con "nacido del Espíritu" (3:5, 6, 8).

El Espíritu tiene poder para dar vida. Fue por el poder del Espíritu Santo que Cristo fue resucitado, y por medio de quien la vida eterna es transmitida a creyentes (Romanos 8:11). Pedro también se refiere a la vivificación "en espíritu" (I Pedro 3:18). Relacionado a esto es la obra de santificación que Pablo menciona (I Corintios 6:11).

La asociación del Espíritu Santo con el Padre e Hijo en la Trinidad es otra evidencia de su deidad. El Tratado declara que "el Espíritu Santo es en realidad Dios y es uno con el Padre en todas las perfecciones divinas." La Gran Comisión dada "en el nombre del Padre, y del Hijo, y del Espíritu Santo" (Mateo 28:19) parecería absurda si el Espíritu Santo no fuera una persona divina igual que el Padre e Hijo. Igualmente, la bendición apostólica parecería absurda si Jesucristo, Dios y el Espíritu Santo (2 Corintios 13:14) no fueran iguales en la Deidad.

Al Espíritu Santo se le llama Dios expresamente en las Escrituras. En Isaías 6:8-10 el pasaje se refiere a Dios, pero cuando Pablo lo usa en Hechos 28:25-27, se refiere al Espíritu Santo. También es cierto de Éxodo 16:7, que se usa de esa manera del Espíritu Santo en Hebreos 3:7-9. En Hechos 5:3,4 el Espíritu Santo es llamado Dios específicamente. Se infiere que el Espíritu Santo y el Señor son el mismo por el autor del libro de Hebreos (10:15).

En el pasaje dado como base de este estudio (Juan 16:1-15), Jesús dio una introducción al Espíritu Santo. Mucho de lo que se relaciona a la obra del Espíritu Santo se describe allí, y se va a tratar en la próxima sección sobre la obra del Espíritu Santo. Sin embargo, este pasaje se debe estudiar por sus muchas implicaciones sobre la personalidad del Espíritu Santo.

II. LA OBRA DEL ESPIRITU SANTO (Hechos 1:3-8; 2:1-21; 13:1-5)

En Juan 16:1-15 Jesús mencionó muchas cosas que el Espíritu Santo haría.
1. "Él convencerá al mundo de pecado, de justicia y de juicio." (v.8)

2. "...él os guiará a toda la verdad; (v. 13)

3. "...no hablará por su propia cuenta, sino que hablará todo lo que oyere..." (v.13)

4. "...y os hará saber las cosas que habrán de venir." (v.13)

5. "Él me glorificará;" (v.14)

En estos pasajes de Hechos se mencionan otras obras del Espíritu Santo:

1. Dará poder a los creyentes a fin de que sean testigos (1:3-8).
2. Poder especial para predicar la Palabra de Dios vendría de Él (2:1-21).
3. Un llamado al servicio misionero vendría del Espíritu Santo (13:1-2).
4. Liderazgo en la actividad misionera vendría del Espíritu Santo (13:3-5).

La obra del Espíritu Santo en la creación, inspiración y en el dar vida ya se han mencionado. La obra continua del Espíritu Santo es el interés principal de este estudio ahora. Aunque la agencia del Espíritu se ve en la creación, este pensamiento no se va a perseguir ahora. Sin embargo, hay cierta evidencia que el poder del Espíritu continúa en la preservación de la naturaleza. Por ejemplo, Isaías escribió: "La hierba se seca, y la flor se marchita, porque el viento de Jehová sopló en ella..." (Isaías 40:7).

El Espíritu Santo sigue obrando en relación con toda la humanidad. Esto es lo que Jesús quería decir cuando habló del Espíritu Santo que convence a los hombres en relación al pecado, la justicia y el juicio (Juan 16:8). Explicando este convencimiento del mundo en relación a estas tres cosas mencionadas, Jesús dijo, "de pecado, por cuanto no creen en mí; de justicia, por cuanto voy al Padre, y no me veréis más; y de juicio, por cuanto el príncipe de este mundo ha sido ya juzgado" (Juan 16:9-11). De estos tres grandes hechos el Espíritu Santo constantemente da testimonio al mundo. Esto está de acuerdo con el testimonio de Cristo quien dijo: "Pero cuando venga el Consolador, a quien yo os enviaré del Padre, el Espíritu de verdad, el cual procede del Padre, él dará testimonio acerca de mí." (Juan 15:26)

Parecería que mucho del testimonio del Espíritu sería a través de creyentes. El testimonio de los dos está ligado en Hechos 5:32 y en Juan 15:26,27.

Es en relación con el creyente que el Espíritu Santo especialmente obra. Fue a creyentes que el Consolador fue prometido, porque Jesús dijo a sus discípulos, "Y yo rogaré al Padre, y os dará otro Consolador, para que esté con vosotros para siempre: el Espíritu de verdad, al cual el mundo no puede recibir, porque no le ve, ni le conoce; pero vosotros le conocéis, porque mora con vosotros, y estará en vosotros" (Juan 14:16,17). Fue a creyentes que Jesús dijo, "...él os enseñará todas las cosas, y os recordará todo lo que yo os he dicho" (Juan 14:26).

La relación con el creyente empezó, sin embargo, como empezó con toda la humanidad. El Espíritu Santo tuvo primero que convencer al creyente de pecado mientras estaba en el mundo. Pero todo el que es convencido de su pecado y se apropia de la obra de Cristo en su vida, encuentra que el Espíritu Santo se hace una realidad presente en su vida. Es por este medio que las palabras de Jesús se vuelven ciertas que "...yo estoy en mi Padre, y vosotros en mí, y yo en vosotros" (Juan 14:20).

La primera obra del Espíritu Santo en la vida del creyente es la regeneración. Esta es la obra descrita por Jesús a Nicodemo en las palabras, "nacer de nuevo" (Juan 3:3). Jesús le dijo, "...que el que no naciere de agua y del Espíritu, no puede entrar en el reino de Dios" (Juan 3:5). Este pasaje describe el nacimiento físico y el nacimiento espiritual del hombre, con los resultados de ambos descritos en el versículo siguiente, Pablo, al escribir a Tito, describió el nuevo nacimiento o la regeneración como "la renovación en el Espíritu Santo" (Tito 3:5). El Espíritu Santo es el agente activo en el proceso de traer la vida renovada espiritual al alma que está muerta en transgresiones y pecado. En otra parte Jesús enseñó cómo es el Espíritu quien da vida cuando dijo, "el Espíritu es el que da vida..." (Juan 6:63).

En el momento de la regeneración cuando el creyente experimenta vida nueva en Cristo, el Espíritu Santo mora en él. Pablo describe esa morada cuando escribió, "Más vosotros no vivís según la carne, sino según el Espíritu, si es que el Espíritu de Dios mora en vosotros..." (Romanos 8:9). Y en otra parte dijo, "vuestro cuerpo es templo del Espíritu Santo, el cual está en vosotros..." (I Corintios 6:19). Los hay que enseñan la doctrina errónea que puedes ser salvo y luego lleno del Espíritu Santo, pero es la venida del Espíritu Santo que trae vida y es sinónima con la vida espiritual. Así es que todo creyente, no importa cuán débil o inmaduro, es vivificado por la presencia del Espíritu Santo que mora en él. Por eso Pablo dijo, "Y si alguno no tiene el Espíritu de Cristo, no es de él" (Romanos 8:9). En realidad, el testimonio y vida dependen de la residencia del Espíritu, porque "nadie puede llamar a Jesús Señor, sino por el Espíritu Santo" (I Corintios 12:3).

Esta morada del Espíritu llega a ser el medio de seguridad para el creyente. Pablo les escribió a los creyentes en Éfeso que "y habiendo creído en él, fuisteis sellados con el Espíritu Santo de la promesa, que es las arras de nuestra herencia" (Efesios 1:13,14). Aquellos que enseñan la doctrina de la seguridad eterna ven al Espíritu Santo como un sello sobre la salvación, un sello que no se puede romper. El cuadro que Pablo pinta parece ser diferente. Al llamar al Espíritu Santo "las arras" de nuestra salvación, parece dar el concepto de un depósito, el cual da seguridad. El sello del Espíritu Santo, su presencia en una vida, es evidencia de (1) posesión de parte de Dios, y (2) semejanza a Dios (2 Timoteo 2:19-21). Por medio de la presencia del Espíritu Santo en su vida, el creyente es "sellado para el día de la redención" (Efesios 4:30).

La seguridad al creyente se deriva de la presencia sentida del Espíritu Santo. Pablo describe esta seguridad como "el Espíritu de adopción, por el cual clamamos ¡Abba, Padre!" (Romanos 8:15) Es porque somos hijos que Dios ha enviado el Espíritu de su Hijo a nuestro corazón, "por el cual clamamos, ¡Abba, Padre!" Entonces Pablo nos dice, "El Espíritu mismo da testimonio a nuestro espíritu, de que somos hijos de Dios" (Romanos 8:16). ¡Qué maravilloso saber que somos salvos! Dios no nos deja en duda, sino que nos da seguridad por medio del Espíritu.

Hay veces cuando el creyente recibe una llenura especial del Espíritu Santo. Esto ocurrió en Pentecostés cuando los creyentes "fueron todos llenos del Espíritu Santo" (Hechos 2:4). Esta ocasión requirió una demostración especial de poder, y fue dada a través de creyentes quienes, aunque todos eran del mismo idioma, pudieron hablar en una lengua comprendida por gente de muchos idiomas y muchas áreas. Pablo exhortó a los creyentes "sed llenos del Espíritu (Efesios 5:18). Aunque éstos ya tenían al Espíritu, podían buscar poder especial en ocasiones especiales. Los creyentes que fueron llenos en Pentecostés fueron llenos nuevamente cuando se presentaba otra necesidad especial (Hechos 4:31). Todos los creyentes poseen al Espíritu, pero deben buscar una llenura cuando enfrentan tareas especiales.

El Espíritu Santo le da poder al creyente para poder vivir la vida espiritual y para trabajar en el servicio del Señor. Porque el creyente ha sido cambiado, "deudores somos, no a la carne, para que vivamos conforme a la carne;" (Romanos 8:12). Por el Espíritu debemos "hacer morir las obras de la carne," (Romanos 8:13) a fin de que podamos vivir. Seguir al Espíritu resulta en la producción del fruto del Espíritu en la vida de uno. Este "fruto" consiste en las manifestaciones de gracia: amor, gozo, paz, paciencia, benignidad, bondad, fe, mansedumbre, templanza (Gálatas 5:22,23).

El caminar total del creyente debe ser trazado por el Espíritu Santo. Por esta razón Pablo nos urge a "andar en el Espíritu" (Gálatas 5:16). Hay que

Capítulo Cinco

depender de la dirección del Espíritu, especialmente cuando uno es llamado a dar testimonio para Cristo bajo circunstancias difíciles.

El Espíritu Santo unge al creyente para conocimiento y enseñanza. Juan dijo, "Pero la unción que vosotros recibisteis de él permanece en vosotros, y no tenéis necesidad de que nadie os enseñe; así como la unción misma os enseña todas las cosas, y es verdadera, y no es mentira, según ella os ha enseñado, permaneced en él" (I Juan 2:27). Pablo trató este discernimiento espiritual que viene a creyentes por la presencia del Espíritu en su vida (I Corintios 2:9-14).

La relación del Espíritu Santo con las Escrituras ya se ha mencionado brevemente. Pablo, escribiendo a Timoteo, describió las Escrituras como "respirada por Dios" (2 Timoteo 3:16). Pedro continuó desarrollando este pensamiento al decir que "los santos hombres de Dios hablaron siendo inspirados por el Espíritu Santo" (2 Pedro 1:21). La escritura del Nuevo Testamento probablemente se anticipó por Jesús cuando dijo "Pero cuando venga el Espíritu de verdad, él os guiará a toda la verdad…y os hará saber las cosas que habrán de venir" (Juan 16:13).

Esta dirección del Espíritu Santo también se encuentra en su ayuda como intérprete de las Escrituras. En vez de inspiración, su ayuda a los creyentes al interpretar las Escrituras es conocida como iluminación. Jesús dijo, "porque tomará de lo mío, y os lo hará saber" (Juan 16:14). Por eso, es llamado el "espíritu de sabiduría y de revelación…" (Efesios 1:17).

El Espíritu Santo es igual con los otros miembros de la Trinidad. Cada creyente debe rendirle el mismo honor que da a los otros dos. Nuestro Consolador debe ser precioso para nosotros y el que continuamente buscamos para dirección.

III. EL ESPÍRITU SANTO EN LA TRINIDAD (I Juan 5:6-9)

Las diferencias en la Deidad se introducen temprano en las Escrituras. Los primeros dos versículos en el libro de Génesis dan una distinción entre Dios (el Padre) y el Espíritu Santo. "Dios creó al mundo," pero el Espíritu Santo estaba activo en aquella creación, porque "el Espíritu de Dios se movía sobre la faz de las aguas" (Génesis 1:2). Esta diferencia se mantiene en Génesis 6:3 donde el Señor dijo "No contenderá mi espíritu con el hombre para siempre…" Por supuesto, estas distinciones se desarrollan al punto que revelan la

Trinidad en Escrituras posteriores, especialmente con la venida del Hijo de Dios como Mesías.

La doctrina de la Trinidad no está en conflicto con la enseñanza que hay un solo Dios. Esta doctrina enseña que hay tres Personas en una sola esencia. Aunque no hay analogías naturales para comparar con la Trinidad, se acepta la doctrina porque las Escrituras la enseñan.

Las diferencias en la Deidad son eternas, y no eran meramente adaptaciones para dar un medio de manifestación. El Espíritu Santo estaba presente en el principio (Génesis 1:2). También el Hijo estaba presente (Juan 1:1).

Aunque la palabra persona se usa con cierta reserva, el concepto de distinción necesita mantenerse. El término no se debe usar en un sentido exclusivo de tres individuos diferentes. Esto podría conducir a una doctrina de tres dioses, que definitivamente no es bíblica. La distinción es principalmente de oficio o función. Se presenta al Padre como fuente y origen de todas las cosas. El Hijo es el medio de la energía que sale de Dios. Es por medio del Hijo que el Padre es manifestado. "A Dios nadie le vio jamás; el unigénito Hijo, que está en el seno del Padre, él le ha dado a conocer" (Juan 1:18). Cada manifestación vista por ojos humanos fue del segundo miembro de la Deidad. Al Espíritu Santo le corresponde el trabajo de completar todas las cosas. Sin embargo, el trabajo de los tres se debe contemplar como incluyendo el trabajo de los demás. Todos estaban involucrados en la creación; de la misma manera, todos estaban involucrados en el plan de salvación.

En un sentido, todos trabajan en y a través de los otros. En cualquier momento que se insista en el concepto que Uno obra y luego Otro, dos grandes diferencias se manifiestan. El trabajo del Hijo es tanto la obra de Dios como la del Padre. Se puede decir lo mismo acerca del Espíritu Santo.

Se han empleado diferentes términos para describir las relaciones entre los miembros de la Deidad. Por supuesto, los unitarios han disminuido tanto la posición del Espíritu Santo que no es considerado un miembro de la Deidad. Ellos, y otros liberales, también han comprometido tanto la posición de Cristo al punto que es hecho menos que Dios y en algunos casos, solo un hombre. La palabra "generación" usualmente se usa de la relación entre el Padre y el Hijo. El Señor dijo por medio del salmista, "Yo te engendré hoy" (Salmo 2:7). "Hoy," por supuesto, se refiere a la presencia universal de Dios.

La palabra *posesión* se usa para describir la relación del Espíritu con el Padre y el Hijo. La división entre la Iglesia Católica Romana y la Iglesia Ortodoxa Griega vino sobre la cuestión si el Espíritu Santo procedió del Padre o

Capítulo Cinco

de ambos Padre e Hijo. Jesús nos dice que "el Padre enviará (al Espíritu) en mi nombre…" (Juan 14:26). En el capítulo siguiente Él habla del "Espíritu de verdad, el cual procede del Padre…" (Juan 15:26), pero que "…yo os enviaré del Padre," (compárese también Hechos 2:33 y Hebreos 9:14).

La relación del Espíritu Santo con Cristo se menciona mucho en las Escrituras: (1) Lucas nos informa que Cristo fue concebido por el Espíritu Santo (1:35) El Espíritu Santo estuvo estrechamente relacionado con el nacimiento. (2) Jesús fue guiado por el Espíritu. Mateo relata cómo "fue llevado por el Espíritu al desierto, para ser tentado por el diablo" (Mateo 4:1,3). (3) La unción de Cristo para el servicio fue obra del Espíritu Santo. "Cómo Dios ungió con el Espíritu Santo y con poder a Jesús de Nazaret…" (Hechos 10:38). (4) Jesús fue crucificado en el poder del Espíritu Santo. El autor de Hebreos habla de Cristo "el cual mediante el Espíritu eterno se ofreció a sí mismo sin mancha a Dios," (9:14). (5) Pero también fue levantado y "que fue declarado Hijo de Dios con poder, según el Espíritu de santidad…" (Romanos 1:4; véase también 8:11). (6) Después de su resurrección, Jesús, por el Espíritu Santo, "(dio) mandamientos…a los apóstoles" (Hechos 1:2). (7) Jesús, quien antes de su muerte prometió el Espíritu Santo a creyentes, es visto como el que dio al Espíritu Santo en Hechos 2:33.

La obra del Espíritu Santo involucra más que solo la relación con los creyentes individuales. El Espíritu Santo también obra por medio del cuerpo de creyentes en la iglesia. En realidad, la iglesia se constituye o se forma porque el Espíritu Santo trae a los creyentes a una relación con Jesucristo. La iglesia es un cuerpo de hombres (y mujeres) quienes han sido regenerados por el poder del Espíritu. Todos los miembros de la iglesia tienen en común el hecho de que han sido vivificados de la vida vieja por el poder del Espíritu.

Tal cuerpo que tiene su vida por el Espíritu entonces es guiado y dirigido por ese mismo Espíritu (Efesios 5:18-20). Así es que la iglesia es un cuerpo espiritual y no una organización social. Su vida y existencia se mantiene mientras que sus miembros conservan una relación con Cristo por el Espíritu Santo. Una iglesia que se mueve sin la dirección del Espíritu no es una iglesia verdadera.

6

Doctrinas de la salvación

Trasfondo

Muchas denominaciones pueden hallar terreno común sobre la interpretación correcta de la doctrina de la salvación. Si enseñan correctamente el plan de salvación, podemos aceptarlos como hermanos en Cristo. Ciertamente, es en esta área que podemos elegir tener comunión y cooperación.

Aunque muchos pueden tener razón acerca del plan de salvación, hay diferencias de opinión en cuanto a las doctrinas que se adhieren al plan de salvación. Estas diferencias a veces son tan grandes que impiden la comunión estrecha. Cuando esto sucede, es mejor que se separen.

Debido a la variedad de opiniones, es bueno que el cristiano esté arraigado en las verdades presentadas en la lección que estudiamos ahora.

Esta lección es de suma importancia. Si uno no está en una relación correcta con Dios, todas las otras ideas serán inútiles.

Seguramente, no hay que animar al maestro a estudiar este capítulo con mucha oración. Como líder espiritual, el maestro debe ser capaz de analizar estas doctrinas inteligentemente. Es una oportunidad de estar más completamente arraigado en la Palabra de Dios.

Entre los protestantes la justificación por la fe es una doctrina cardinal. El arrepentimiento, enfatizado por muchos por largo tiempo, hoy no se considera importante; tampoco la justificación por la fe. Hay necesidad de re-enfatizar las doctrinas en este capítulo. ¿Ayudará usted?

Capítulo Seis

BOSQUEJO

I. La salvación es posible para todos (Hechos 17:22-31)
II. El arrepentimiento se requiere de parte de todos (2 Corintios 7:8-10)
III. La fe se requiere para la salvación (Hebreos 11:1-6)
IV. La regeneración es el resultado de arrepentimiento y fe (Juan 3:1-8)
V. La justificación y la santificación son productos de la regeneración (Romanos 5:1-11)

INTRODUCCION

El *Tratado de los Bautistas Libres* dedica seis capítulos a temas concernientes a la salvación. De la naturaleza y otras maneras aprendemos algunas cosas acerca de Dios. Pero es solo de la Palabra de Dios revelada que podemos aprender que Dios tiene un propósito redentor para Su creación, y la naturaleza de la salvación que Él ofrece. El peso principal de todas las Escrituras es que el hombre es una creación de Dios que está fuera de comunión con su Creador. Sin embargo, Dios ha hecho provisión para la salvación del hombre, si éste cumple con las condiciones que Dios le ha revelado.

Fue la obra de Cristo la que hizo provisión para la salvación del hombre, y las doctrinas de salvación que se estudiarán en este capítulo describirán la aplicación de la obra de Cristo a la vida de individuos. Se hablará la universalidad de la provisión de salvación, al igual del arrepentimiento y la fe como las condiciones de la salvación. Luego, se van a describir la regeneración, la justificación y la santificación.

I. LA SALVACION ES POSIBLE PARA TODOS (Hechos 17:22-31)

Una de las creencias con que los tempranos apóstoles de Cristo tuvieron que contender en su ministerio fue la creencia en muchos dioses. La gente creía que había muchos dioses locales, y que dominaban ciertas áreas del país. Cuando Pablo llegó a Atenas con el evangelio, encontró a la gente ansiosa de agradar a todos los dioses que podían. Su panteón de dioses incluía todos aquellos de los cuales habían oído. Así es que Atenas era "entregada a la idolatría" (Hechos 17:16). Pablo les acusaba de ser "muy religiosos" (v.22), o demasiado religiosos. Fue entonces que Pablo les introdujo al único

Dios, el que había creado todas las cosas (v. 24) y quien mandaba "a todos los hombres en todo lugar, que se arrepientan" (v.30). Este es el llamamiento universal que se extiende a todos los hombres.

Este mandamiento o llamamiento a arrepentirse se describe en el Tratado de esta manera: "el llamamiento del evangelio se hace co-extensivo con la expiación a todos los hombres, por la palabra y los esfuerzos del Espíritu, de manera que la salvación se hace igualmente posible a todos, y si alguno deja de obtener la vida eterna, la falta es enteramente suya."

El llamamiento de Dios es lo mismo que el llamamiento del evangelio. A veces se refiere al llamamiento de Dios como la doctrina de la vocación. Pedro, en su sermón en Pentecostés aludió a este llamamiento de Dios cuando dijo: "Porque para vosotros es la promesa, y para vuestros hijos, y para todos los que están lejos; para cuantos el Señor nuestro Dios llamare" (Hechos 2:39). Este llamamiento de Dios es su manera de encontrar al hombre. Dios hace que se escuche su voz en la consciencia del hombre. Siempre es Dios el que inicia el encuentro con el hombre al extenderle el llamamiento. Adán no buscaba a Dios; de hecho, se escondía de Dios hasta que "(oyó) la voz de Jehová Dios" (Génesis 3:8).

El encuentro de Adán con Dios inició una serie de encuentros con los hombres que continúan hasta el día de hoy. En el llamamiento de Dios, Él se revela al hombre y hace que el hombre reconozca su necesidad. La Palabra de Dios es un registro de Dios llamando al hombre. Cristo, como la Palabra de Dios, es la encarnación del llamamiento de Dios al hombre. Él también reveló el llamamiento como universal. En una ocasión dijo, "Y yo, si fuere levantado de la tierra, a todos atraeré a mí mismo" (Juan 12:32). Jesús vino porque "de tal manera amó Dios al mundo, que ha dado a su hijo unigénito, para que todo aquel que en él cree, no se pierda, más tenga vida eterna" (Juan 3:16).

El *Tratado* también ve el llamamiento de Dios como universal cuando declara que "se hace co-extensivo con la expiación a todos los hombres." El calvinismo ha enseñado una expiación limitada, que fue sola para los elegidos. Nosotros creemos que las Escrituras enseñan que la expiación es ilimitada. La sangre de Cristo fue derramada para toda la humanidad. El llamamiento a compartir en esta expiación es también universal. Pablo escribió, "…Dios sujetó a todos en desobediencia, para tener misericordia de todos" (Romanos 11:32). Es por eso que Jesús extendió el llamamiento del evangelio a todos, "venid a mí, todos los que estáis trabajados y cargados…" (Mateo 11:28).

Capítulo Seis

La invitación está abierta siempre a "el que quiera" (Juan 3:16; Apocalipsis 22:17). Dios no quiere que "ninguno perezca, sino que todos procedan al arrepentimiento" (2 Pedro 3:9). Así es que Dios no solo desea salvar a todos, sino que extiende ayuda a todos los que le reciben.

El llamamiento universal de Dios no es irresistible. Es cierto que Dios "quiere que todos los hombres sean salvos y vengan al conocimiento de la verdad" (I Timoteo 2:4), pero la salvación para el individuo depende de si responde al llamado de Dios: "…antes si no os arrepentís, todos pereceréis igualmente" (Lucas 13:3,5). Cuando Jesús dijo, "muchos son llamados, pero pocos escogidos," es probable que Él se refería a este hecho. Los escogidos son aquellos que personalmente responden al llamamiento. Jesús igualmente ilustraba este mismo hecho en la parábola de la Cena de Bodas. Un invitado entre aquellos que fueron llamados rehusó ir al vestuario y ponerse su vestido de boda que había sido provisto para los invitados, según la costumbre. Porque rehusó el vestido indicado, fue rechazado de entre los que pudieron asistir a la fiesta.

Los hombres son "llamados a ser santos" (Romanos 1:7). Responder a la voluntad de Dios provee el medio para poder entrar al plan de Dios que califica a uno para ser santo. Así es que el llamamiento de Dios es una invitación a la salvación. Uno es llamado de una vida de pecado a la salvación.

Pablo escribió a los romanos que ellos habían sido "llamados a ser de Jesucristo" (Romanos1:6). En este llamamiento, nuestro Señor nos llama a sí mismo y a comunión con Dios el Padre. Responder a este llamado inicia al creyente a una participación en las bendiciones de la salvación. Pablo, escribiendo a la iglesia en Tesalónica, dijo que Dios "os llamó a su reino y gloria" (I Tesalonicenses 2:12). Este es su reino espiritual y significa tener parte en la gloria de Dios. El llamamiento a su gloria también se menciona en su segunda carta a los tesalonicenses. Allí Pablo escribió, "a lo cual os llamó mediante nuestro evangelio, para alcanzar la gloria de nuestro Señor Jesucristo" (II Tesalonicenses 2:14).

Dios también nos llama a una herencia. La "promesa de herencia eterna" la menciona el autor de Hebreos (9:15). Pablo la llamó una "herencia con los santificados" (Hechos 20:32). Pedro dijo que era "una herencia incorruptible, incontaminada e inmarcesible, reservada en los cielos para vosotros" (I Pedro 1:4). Pablo haba de "las riquezas de la gloria de la herencia en los santos" (Efesios 1:18).

En otra parte, se nos dice que somos llamados por Dios "a la comunión con su Hijo Jesucristo nuestro Señor" (I Corintios 1:9). Somos llamados a poseer "la paz de Dios" (Colosenses 3:15). Somos llamados a la "libertad" en Gálatas 5:13. Tanto Pablo como Pedro dicen que somos llamados a una vida santa (I Tesalonicenses 4:7; I Pedro 1:15).

Este llamamiento a la salvación fue para todos los hombres y se revela tanto en el Antiguo Testamento como en el Nuevo Testamento. Es interesante leer cómo gente fuera del pacto entró por la fe a esa relación divina. En el Antiguo Testamento a la entrada de mujeres gentiles a la misma genealogía del Mesías se le da énfasis especial. Entre ellas estaban Rahab la prostituta (Hebreos 11:31; Santiago 2:25) y Rut (Rut 4:17).

El mensaje de los profetas tenía enseñanzas que mostraban la universalidad de la provisión de salvación. Isaías proclamaba tal mensaje con estas palabras: "Mirad a mí, y sed salvos, todos los términos de la tierra, porque yo soy Dios, y no hay más" (45:22). El libro de Jonás es un comentario sobre la universalidad de la provisión de Dios de salvación. El profeta Jonás, al describir su propia estrechez en cuanto al concepto del plan de salvación de Dios, es un tipo de la actitud de la nación. Relató su historia para ayudar a su pueblo a reconocer que Dios amaba a toda la gente del mundo, y no sólo a Israel.

Los medios de aquel llamamiento universal de Dios se describen en el *Tratado* como tanto "la palabra y los esfuerzos del Espíritu." En la Palabra de Dios se halla el evangelio, las buenas nuevas de salvación. Es la revelación de cómo Dios se propone salvar a los hombres de sus pecados. Cuando el hombre escucha la Palabra de Dios, el Espíritu Santo lo convence de su verdad y le urge a aceptar al Salvador revelado en la Palabra. Pero Dios también usa instrumentos humanos. Cada creyente ha de ser testigo, dando su testimonio de lo que Cristo ha hecho en su vida. La Gran Comisión instruye a cada creyente "Por tanto, id y haced discípulos a todas las naciones…enseñándoles que guarden todas las cosas que os he enseñado" (Mateo 28:19, 20).

II. SE REQUIERE EL ARREPENTIMIENTO DE TODOS (II Corintios 7:8-10)

Este arrepentimiento que es requerido de todos los hombres es una doctrina que no puede ser sobrestimada. La doctrina bíblica es que el hombre está perdido, "Por cuanto todos pecaron, y están destituidos de la gloria de

Capítulo Seis

Dios" (Romanos 3:23). Relacionado a este hecho y la provisión de Dios de salvación está la enseñanza que Dios requiere ciertas cosas del hombre si éste ha de estar restaurado a la comunión con Dios y ser salvo. Aquellos requerimientos por la parte humana son el arrepentimiento y la fe.

La importancia de la doctrina del arrepentimiento se muestra de varias maneras. El precursor de Cristo, Juan el Bautista, empezó su ministerio público con esta enseñanza y la tenía como la carga de su ministerio. A altos y bajos por igual dijo: "Arrepentíos, porque el reino de los cielos se ha acercado" (Mateo 3:2; compárese Mateo 3:8-11).

Jesús tomó de este mismo mensaje y lo hizo la clave de Su predicación (Mateo 4:17). Parece que seguía siendo un asunto central en su predicación, porque en una ocasión en Jerusalén Él declaró, "Si no os arrepentís, todos perecerán igualmente," (Lucas 13:3,5). Cuando dio instrucciones a los setenta discípulos que le precedieron, les mandó que predicaran "que los hombres se arrepintiesen" (Marcos 6:12). Relacionado a la Gran Comisión estaba el hecho que "se predicase en su nombre el arrepentimiento y el perdón de pecados en todas las naciones, comenzando desde Jerusalén" (Lucas 24:47).

Los apóstoles hicieron precisamente lo que Jesús dijo. En su gran sermón en Pentecostés, Pedro dijo, "Arrepentíos, y bautícese cada uno de vosotros en el nombre de Jesucristo para perdón de pecados..." (Hechos 2:38). Pablo iba "testificando a judíos y a gentiles acerca del arrepentimiento para con Dios y de la fe en nuestro Señor Jesucristo" (Hechos 20:21). En Atenas él predicó que Dios "ahora manda a todos los hombres en todo lugar, que se arrepientan" (Hechos 17:30).

El arrepentimiento viene de un vocablo griego que significa "cambio de parecer." El arrepentimiento evangélico exige que uno tenga cambio de opinión, forma de pensar, propósito y punto de vista acerca de Dios y las cosas espirituales. Para el pecador es asunto de darse cuenta que va en la dirección equivocada, y que cambie el rumbo de su vida para conformarse a los caminos de Dios. Todo esto involucra los aspectos negativos de arrepentimiento al reconocer uno el error de su camino y al detestar su vida vieja.

Hay aspectos positivos en el arrepentimiento también. No solo tiene el pecador que abandonar la vida vieja, sino que debe ahora dirigir todo su ser hacia la conformidad a una vida nueva. No es suficiente que uno esté convencido de pecado o emocionalmente afectado sobre su condición. El arrepentimiento implica un cambio de un camino a otro. Algunos han descrito cuatro elementos en el arrepentimiento como (1) convicción, (2) con-

Doctrinas Bautista Libres

trición, (3) confesión y (4) un abandono de la vida vieja. Este abandono de la manera vieja de vivir también incluiría el convertirse a la manera nueva de vida en Cristo.

El arrepentimiento involucra la mente, las emociones, y la voluntad. Hay un cambio de mente. La actitud y enfoque de uno hacia el pecado y la justicia cambian totalmente. Las emociones están siempre involucradas en el arrepentimiento genuino (2 Corintios 7:9). Los sentimientos, incluyendo tristeza de corazón por la condición de uno y gozo por ser liberado de la esclavitud de pecado están presentes en el arrepentimiento. Sin embargo, los elementos intelectuales y emocionales están incompletos sin una decisión de la voluntad. El hijo pródigo dijo, "Me levantaré e iré a mi padre" (Lucas 15:18). Así es que el pecador, por un acto de la voluntad, debe venir al Padre Celestial que le ofrece la salvación.

El arrepentimiento es la parte del hombre en la salvación, pero aún el arrepentimiento es un don de Dios. Se despierta en el hombre cuando éste escucha el evangelio predicado. Que es un don divino se ve en las palabras de Pedro quien dijo "¡De manera que también a los gentiles ha dado Dios arrepentimiento para vida!" (Hechos 11:18) Y Pablo, escribiendo a Timoteo dijo, "...por si quizá Dios les conceda que se arrepientan para conocer la verdad" (2 Timoteo 2:25).

Hay varios medios usados para llevar al hombre al arrepentimiento. En el párrafo anterior se mencionó la predicación del evangelio como medio para despertar al hombre al arrepentimiento. Además del testimonio humano se necesita el poder convencedor del Espíritu Santo para convencer al hombre a arrepentirse. A veces los hombres se arrepienten porque observan la bondad de Dios en su vida (Romanos 2:4). Otras veces, se necesitan castigos, o disciplinas para volver a traer a los descarriados al redil (Hebreos 12:6,10,11; Apocalipsis 3:19). Todos estos medios son el fruto del amor de Dios. Dios trae estas influencias a la vida del pecador, pero es el pecador que elige seguir su propio camino, o volverse en arrepentimiento a Dios.

Es conmovedor leer acerca de los resultados del arrepentimiento. Jesús nos dice, "Os digo que así habrá más gozo en el cielo por un pecador que se arrepiente, que por noventa y nueve justos que no necesitan de arrepentimiento" (Lucas 15:7). Pero el efecto en la vida del pecador es glorioso también. El hombre ha de arrepentirse "para que sean borrados vuestros pecados" (Hechos 3:19). Los pecados separan al pecador de comunión con Dios. No

Capítulo Seis

hay otra manera de obtener perdón. Cuando el hombre se arrepiente, recibe el don del Espíritu Santo (Hechos 2:38) que trae nueva vida.

III. SE REQUIERE LA FE PARA LA SALVACION (Hebreos 11:1-6)

El autor de Hebreos define la fe como "la certeza de lo que se espera, la convicción de lo que no se ve" (Hebreos 11:1). Alguien ha traducido este versículo para que lea así, "La fe da realidad a cosas esperadas." Independiente de lo que la fe sea, es la otra condición además del arrepentimiento sobre la cual descansa la salvación.

Hay diferentes clases de fe, pero toda fe tiene la misma base. Esto ha sido definido como "creencia de testimonio." Es el "instrumento intelectual con que nos asimos de objetos que la mente solo puede concebir." Mientras que el conocimiento involucra observación y experiencia, la fe descansa en el testimonio de otro.

La fe verdadera o la fe del evangelio es la creencia en el testimonio divino. La diferencia entre ella y la fe común no es en su naturaleza, sino en sus circunstancias. Dios ha testificado y dado revelación de cosas que quedan más allá de la visión humana. Esto incluye el carácter de Dios, la necesidad del hombre, la provisión de Dios de salvación, y el camino al Cielo. La fe del evangelio es asentimiento fuerte a la revelación que Dios ha dado. Incluye el acuerdo del corazón que esta revelación es verdadera, y la convicción del entendimiento a fin de que el hombre actúe sobre él. Es tomar a Dios y su Palabra como cierto.

El Tratado tiene una declaración sobre la fe salvífica, diciendo que "es un asentimiento de la mente a las verdades fundamentales de la revelación, una aceptación del evangelio, por medio de la influencia del Espíritu Santo, una firme confianza en Cristo. El fruto de la fe es obediencia al evangelio." En resumen, esto hace que la fe consista de (1) reconocimiento de la mente de las verdades de la revelación, (2) aceptación de estas verdades, y (3) una confianza personal y fe en Jesucristo. La fe es más que mera creencia, confianza, o esperanza. Las palabras creer y confiar nos dan la mejor definición de fe.

La fe que salva da una realidad a las verdades invisibles de Dios, de manera que tengan existencia real en la mente del creyente. "Con el corazón se cree para justicia," dijo Pablo. La fe permite que el creyente actúe como si las promesas de Dios estuvieran presentes y vistas por su propio ojo físico. La confianza del creyente en la realidad de las cosas de Dios es más satisfactoria y conclusiva que la razón. Actúa y siente como si fueran ciertas.

La fe salvadora es un canal, el cual el hombre abre para dejar que la gracia de Dios fluya en su vida. El hombre es "muerto en delitos y pecados." Dios es santo. Por tanto, una gran sima existe, impidiendo comunión entre los dos.

Pero la gracia de Dios puede cruzar este hueco si el hombre por la fe extiende la mano y acepta las provisiones de Dios para restaurar la comunión y quitar la enemistad.

Esta fe salvadora es disponer al corazón a proceder con todas las inspiraciones de la Palabra y de obedecer todos los mandamientos de la Palabra. Un creyente debe dejar que sus emociones sean gobernadas por la Palabra de Dios. Debe tomar todas las decisiones de la vida por la Palabra.

El poder para creer es un don de Dios. Pablo dijo que "y esto no de vosotros, pues es don de Dios" (Efesios 2:8). Jesús es el "autor y consumador de la fe" (Hebreos 12:2). El Espíritu Santo obra en el hombre, dándole la capacidad para creer en Dios (Gálatas 5:5). Pero, aunque la fe es de Dios, es la responsabilidad de cada persona, quien permite que Dios cree la fe en él. Como dice el Tratado, "El poder para creer es un don de Dios, pero el creer es una acción de la criatura…"

La fe es un requerimiento razonable de parte de Dios antes de que pueda salvar al hombre. Es tan solo correcto y justo para Dios, quien ha hecho provisión para la salvación, requerir que el hombre crea lo que ha hecho. No hay mérito en la fe. La fe, alguien ha dicho, es meramente extender la mano para recibir lo que Dios ofrece. Así es, Dios ofrece la salvación. Quiere que el hombre la acepte. La fe es el medio por el cual el hombre se apropia de esa salvación.

Las obras que enseña Santiago (2:14-26) son una expresión de la fe que Pablo enseña (Romanos 4:1-12) El Tratado dice, "El fruto de la fe es obediencia al evangelio." Las obras de la fe no tienen mérito, sino son solamente objetos expuestos de una fe que salva y cambia una vida. Cuando una persona cree, descanso, paz, seguridad y gozo se desbordan en su vida (Romanos 5:1; Hebreos 4:1-6; I Pedro 1:8). El resultado de estas cosas en una vida será la motivación en el creyente de hacer obras piadosas. Jesús dijo, "El que en mí cree, las obras que yo hago, él las hará también; y aún mayores hará, porque yo voy al Padre" (Juan 14:12).

Capítulo Seis

IV. LA REGENERACION ES EL RESULTADO DE ARREPENTIMIENTO Y FE
(Juan 3:1-8)

El arrepentimiento y la fe son las únicas condiciones que Dios ha puesto sobre el hombre. Ambas son sin mérito, pero sí, son necesarias. Dios obra para traer influencias sobre el pecador a fin de traerle al convencimiento. Entonces cuando éstas llevan al individuo a responder en arrepentimiento y fe, Dios empieza su obra en salvación.

La regeneración es el resultado del hombre que responde a Dios. La regeneración, o el nuevo nacimiento como Jesús lo describió a Nicodemo, es necesario a la vida espiritual. El hombre naturalmente está en una condición depravada. La Palabra de Dios lo describe como "muerto en delitos y pecados" (Efesios 2:1). Es por eso que Jesús dijo," que el que no naciere de agua y del Espíritu, no puede entrar en el reino de Dios" (Juan 3:3), este cambio, contemplado desde el punto de vista de Dios es o se llama la regeneración.

El hombre es pasivo en la regeneración. Dios hace la obra, en ella una vida nueva y divina se le comunica al alma del hombre. Al someterse a Dios en arrepentimiento y fe, se le imparte una nueva naturaleza. No se debe ver o contemplar como un mero cambio en la profesión de una religión a otra. Tampoco se logra por el acto del bautismo. La regeneración no es reformación, aunque esta va a resultar.

La regeneración es un cambio interno hecho en el corazón del hombre por el Espíritu Santo. Incluye: (1) un cambio en el propósito gobernador de la mente, la mente anterior, estaba gobernada por el ego. La nueva por Dios. (2) involucra un cambio en el objeto principal del afecto, antes amaba las cosas del mundo, el hombre nuevo en Cristo amará las cosas de Dios y de Cristo. (3) Habrá un cambio en las tendencias morales de uno, mientras que el hombre viejo era esclavo del pecado, la persona nacida de nuevo tendrá tendencia a amar la santidad y la justicia. Aunque no haya cambios físicos externos en la persona, esta será una nueva criatura en Cristo.

Este cambio se refiere en la Biblia bajo diferentes figuras del leguaje, es llamado estar vivo (Ef 2:1 y Col 2:13), pasando de muerte a vida (Juan 5:24 y 1 Juan 3:14) y participando en la naturaleza divina (2 Pedro 1:4; Hebreos 3:14; 6:14).

Dos agentes de la regeneración son mencionados en la Biblia, ya se ha dicho que la regeneración es obra divina, esto es aquello de lo cual Juan escribió cuando dijo que somos "nacidos no de sangre ni de la voluntad de la carne, sino de Dios" (Juan 1:13). Dios "de su propia voluntad" nos engendró (Santiago 1:18) pero el Espíritu Santo es el agente divino en la regeneración. Es por eso que Jesús habló a Nicodemo diciendo Si el hombre no naciere del Espíritu, no podrá ver el reino de Dios (Juan 3:5) y "lo que es nacido del Espíritu, espíritu es" (Juan 3:6). Escribiendo a Tito, Pablo habló del nuevo nacimiento como una "renovación en el Espíritu Santo" (Tito 3:5).

Pedro también habla de la mediación de la Palabra de Dios en la regeneración. En I Pedro 1:23 escribió, "siendo renacidos, no de simiente corruptible, sino de incorruptible, por la palabra de Dios que vive y permanece para siempre" (véase también I Corintios 4:15). Sin embargo, debemos reconocer que la Palabra no es suficiente en sí sola. Si esto fuera cierto, los hombres serían salvos simplemente abrazando la Palabra de Dios que fue trasferida a ellos por los hombres. Ciertamente la predicación de la Palabra es esencial y necesaria, pero la renovación del corazón es la prerrogativa especial del Espíritu Santo (2 Tesalonicenses 2:13). En el momento de arrepentimiento y fe, el Espíritu Santo en un acto instantáneo trae vida al creyente. El se convierte en hijo de Dios por ese nuevo nacimiento (Gálatas 3:26)

V. LA JUSTIFICACION Y LA SANTIFICACION SON PRODUCTOS DE LA REGENERACION (Romanos 5:1-11)

La obra de Dios no es completa con la regeneración sola. La Palabra de Dios describe otras transacciones divinas que ocurren al mismo tiempo de la regeneración y subsiguientemente. También ocurren la justificación y la santificación.

La justificación se relaciona a la regeneración. Pero la regeneración es una obra hecha en nosotros mientras que la justificación es un acto de Dios hacia a nosotros. Justificación es una palabra que describe la nueva posición que el hombre tiene ante Dios, al ser declarado justo y aceptado delante de Dios. El Tratado lo describe así, "La justificación personal implica que la persona justificada ha sido culpable delante de Dios; y en consideración del sacrificio de Cristo, aceptado por fe, el pecador es personado y absuelto de su culpa y pecado y restaurado al favor divino."

La justificación es, pues, un cambio de relación o posición ante Dios. Las relaciones dañadas por el pecado ahora quedan corregidas. El que era cul-

Capítulo Seis

pable y condenado ahora es absuelto y aceptado a la comunión con Dios. Es un acto declarativo de Dios basado en la redención hallada en la muerte expiativa de Cristo (Romanos 3:24-26).

La justificación consiste de dos elementos principales: (1) el perdón de pecado, y la eliminación de su culpa y castigo (Romanos 8:1); y (2) la imputación de la justicia de Cristo y la restauración al favor de Dios.

La santificación es tanto un acto como un proceso. Es un acto de Dios al momento de la salvación por el cual el creyente es puesto en un estado de dedicación a Dios y separado del mal de este mundo. Estos son los dos elementos principales en la santificación (Hebreos 10:10,14).

Como proceso, la santificación es un crecimiento continuo del creyente en la gracia de Dios (2 Pedro 3:18). Aunque la justificación y la regeneración son completas, hay privilegios y logros para ser alcanzados y disfrutados de parte de cada creyente. El proceso que lleva al creyente a una realización de éstos es la santificación. Un cambio radical empieza en la vida espiritual del creyente, pero este comienzo debe ser seguido por muchos cambios de crecimiento adicionales. La Biblia está llena de exhortaciones sobre esto. El creyente tiene que ocuparse de una guerra contra el pecado. Debe pelear la buena batalla de la fe, velar y orar, crecer en gracia, y seguir adelante. Todas estas cosas son necesarias en la experiencia cristiana. El alma renovada, aunque libre de condenación, es susceptible a tentación y propensa a ceder a influencias del mundo. El alma debe ocuparse siempre de una vida vencedora y progresar en la santificación.

Las Escrituras presentan una santificación última, completa y final. Pablo describió este estado cuando escribió, "Hermanos, yo mismo no pretendo haberlo ya alcanzado, pero una cosa hago, olvidando ciertamente lo que queda atrás, y extendiéndome a lo que está delante, prosigo a la meta, al premio del supremo llamamiento de Dios en Cristo Jesús" (Filipenses 3:13,14). Este será el momento en que "venga lo perfecto" (I Corintios 13:10). Es aquella meta mencionada por Pablo en su oración a favor de los tesalonicenses que "el mismo Dios de paz os santifique por completo" (I Tesalonicenses 5:23).

7

Perseverancia de los santos

Trasfondo

Durante siglos los bautistas han estado divididos sobre la idea de si un cristiano puede perder su salvación. Aun durante los días de los anabaptistas, existía el desacuerdo sobre este tema, aunque, según parece, la mayoría de los anabaptistas creían en la posibilidad de la apostasía.

El grupo de personas que formaron la iglesia bautista, el comienzo del movimiento bautista moderno, creía que era posible que los cristianos podían perderse.

Luego, otra iglesia que se formó creía que Cristo murió por un número en particular, y se llamaban bautistas particulares. También creían que una vez que una persona fue salva, no podía perder su salvación.

El grupo más viejo se llamaban los bautistas generales para poner énfasis en su creencia que la expiación de Cristo era general, es decir, por toda la humanidad.

Los bautistas particulares aceptaron los cinco puntos de Juan Calvino en oposición a la teología arminiana de los bautistas generales.

Todos los bautistas son calvinistas o arminianos. Por supuesto, hay diferentes grados de cada doctrina, especialmente entre los calvinistas.

En la lección actual, estudiaremos la posición histórica de los bautistas libres. Debe ser de gran interés a cada individuo, y servirá de incentivo para reafirmar la fe en los principios que identifican a los bautistas libres como un grupo distintivo de bautistas.

Capítulo Siete

Ha sido en este mismo punto de doctrina que los enemigos de la denominación han tirado sus dardos. Sería bueno que los bautistas libres entendieran porque la denominación creía una doctrina que tantas personas veían como contradictoria, pues, el pueblo de Dios tiene que ser "un pueblo propio, celoso de buenas obras."

Es tan importante hoy como hace muchos años para mantener en pie esta doctrina particular de nuestra fe.

BOSQUEJO

I. La preservación de los santos (Romanos 8:35-39)
II. La perseverancia de los santos
   A. La naturaleza condicional de la salvación (2 Crónicas 15:1-49)
   B. La necesidad de continuar (Ezequiel 33:12-15)
   C. La posibilidad de apostasía (Hebreos 6:4-6)
   D. La necesidad de crecimiento (2 Pedro 1:1-10)

INTRODUCCION

Una de las doctrinas distintivas de los bautistas libres es la doctrina de la perseverancia de los santos. La denominación es el grupo bautista más grande de los que no son calvinistas en su doctrina. Los bautistas libres son arminianos en doctrina. Después que Juan Calvino estableció la iglesia reformada con sus doctrinas de elección, expiación limitada, gracia irresistible, y perseverancia (preservación) de los santos, un hombre llamado Jacobo Arminius se levantó para refutar éstas con sus enseñanzas de expiación ilimitada con gracia libre a todo aquel que creyera, y la posibilidad de naufragar de la fe. Los bautistas libres nacieron de una sucesión de hombres que se adhirieron a esta fe.

La denominación joven fue casi destruida cuando muchos de sus miembros e iglesias se fueron con los calvinistas alrededor de 1750-60. El movimiento Randall, el grupo norteño de la denominación, casi se pierde al calvinismo en 1911 cuando se unió con la convención de los bautistas del norte. Sin embargo, las iglesias que quedaron se reagruparon y la denominación bautista libre quedó más arminiana que nunca.

La doctrina a la cual los bautistas se oponen se estudiará brevemente primero, para que se entienda mejor nuestra propia doctrina.

I. LA PRESEVERACION DE LOS SANTOS (Romanos 8:35-39)

La doctrina era conocida originalmente como la perseverancia de los santos cuando los calvinistas la usaban. Sin embargo, esto desorientaba, porque la doctrina calvinista de la elección enseñaba que los elegidos eran eternamente seguros y no podían perderse. Esta doctrina de la persistencia necesaria de los santos en la salvación, se entendería mejor como la preservación de los santos, ya que es de Dios quien preserva, y no de los de los santos que perseveran.

El extremo de esta doctrina ha sido la enseñanza que dice que porque una persona en la justificación ha sido liberada del pecado ella es eternamente segura, no importa cómo sea su vida y conducta. Muchos han enseñado la teoría de "una vez salvo, siempre salvo," y han indicado que, aunque uno luego proseguía una vida de pecado, la persona "justificada" era eternamente segura.

En realidad, la mayoría de los que aceptan la doctrina de la preservación de los santos no van a este extremo. Insisten que su doctrina no enseña que una persona es salva si persiste en la fe o no, sino que el creyente persistiría en la fe y alcanzaría la salvación final. Enseñan que los regenerados verdaderamente perseverarán y serán salvos, que Dios guardaría a sus hijos y hará que perseveren. Dios preserva al cristiano al causarle a perseverar.

Varias Escrituras se usan para apoyar este punto de vista. Por ejemplo, Juan 3:6-9 se usa para enseñar que la vida nueva dentro del creyente es imperecedera en su naturaleza. La nueva vida garantiza la persistencia en la lucha contra el pecado hasta que el pecado sea conquistado. Juan 14:19 y I Juan 4:4 se usan para mostrar que Cristo mora en el creyente y es más grande que Satanás. Porque Él está en nosotros, no podemos ser vencidos. Cristo, el que está en nosotros, los librará al final de la ira de Dios (Romanos 5:9-10).

Los calvinistas también usan la intercesión de Cristo como apoyo de su doctrina. Usan, por ejemplo, la intercesión de Cristo por Pedro como ejemplo (Lucas 22:31,32), procuran demostrar que Cristo guardó a Pedro y éste no se perdió. De igual manera, creen que también guardó a los demás discípulos y oró por su protección continua (Juan 17:11-15). Dicen que el hijo de perdición, Judas, se perdió, pero que nunca fue salvo, "por lo cual puede también salvar perpetuamente a los que por él se acercan a Dios, viviendo siempre

Capítulo Siete

para interceder por ellos." Hebreos 7:25 se usa para apoyar este punto de vista.

Otro punto que se usa tiene que ver con el sello del Espíritu Santo (Efesios 1:13; 4:30). Dicen que el Espíritu Santo es dado por Dios como una promesa que Dios completará nuestra redención.

Aquellos que siguen la teoría de "una vez salvo, siempre salvo" también toman otras Escrituras aisladas para apoyar su punto de vista. Uno es Juan 10:28, 29 que ellos interpretan diciendo que Jesús da vida eterna a sus ovejas, y no perecerán, porque nadie puede arrebatarlas de la mano del Padre. Toman Juan 5:24 para enseñar que un creyente no podrá volver para estar bajo condenación.

Es probable que uno de los pasajes más frecuentemente usados para sostener la doctrina de seguridad incondicional es Romanos 8:35-39. Este pasaje, como otros usados por estos maestros, contiene un pensamiento precioso, pero no es el que se le da. El pasaje hace la pregunta, "¿Quién nos separará del amor de Cristo?" Después de alistar muchas cosas, Pablo concluye que ninguna de estas cosas "nos podrá separar del amor de Dios, que es en Cristo Jesús Señor nuestro." (Versículo 39) Ciertamente todos los creyentes están de acuerdo que nada nos podrá separar del amor de Dios. Pero este pasaje no trata de si una persona puede perderse después de ser salvo. No es ningún poder externo como los que están mencionados acá que puedan separar a uno de Dios. Es su propia decisión. Es hacer naufragio de la fe. Ciertamente ángeles, poderes y principados no pueden separar a uno del amor de Dios, pero uno de su propia elección podrá rechazar al Espíritu de Dios que le salvó.

Thiessen da cuatro pruebas para su opinión sobre la perseverancia. (1) El propósito de Dios. En apoyo cita Isaías 14:24 donde el Señor dice, "Ciertamente se hará de la manera que lo he pensado, y será confirmado como lo he determinado." También cita la declaración de Pablo en Romanos 8:35-39. Argüe que la declaración de Jesús en Juan 10:27-30 es incondicional donde dice, "Mis ovejas oyen mi voz, y yo las conozco, y me siguen, y yo les doy vida eterna; y no perecerán jamás, ni nadie las arrebatará de mi mano. Mi Padre que me las dio, es mayor que todos, y nadie las puede arrebatar de la mano de mi Padre. Yo y el Padre uno somos."

(2) La mediación de Cristo. Esta es la intercesión continua de Cristo. En apoyo de esto, Thiessen cita a Pablo quien dijo, "Dios encomienda su amor para con nosotros, en que siendo aún pecadores, Cristo murió por nosotros. Pues mucho más, estando ya justificados en su sangre, por él seremos salvos

de la ira. Porque si siendo enemigos, fuimos reconciliados con Dios por la muerte de su Hijo, mucho más, estando reconciliados, seremos salvos por su vida" (Romanos 5:8-10). También citó el libro de Hebreos donde el autor dijo, "por lo cual puede también salvar perpetuamente a los que por él se acercan a Dios, viviendo siempre para interceder por ellos" (Hebreos 7:25).

(3) La habilidad incesante de Dios de guardarnos. Thiessen argumenta que Dios está no solamente dispuesto, sino que es capaz de guardarnos. Citó a Pablo quien dijo "estando persuadido de esto, que el que comenzó en vosotros la buena obra, la perfeccionará hasta el día de Jesucristo" (Filipenses 1:6). También usó las palabras de Pedro, quien habla de santos "que sois guardados por el poder de Dios mediante la fe, para alcanzar la salvación que está preparada para ser manifestada en el tiempo postrero" (I Pedro 1:5).

(4) La naturaleza del cambio en el creyente. En la regeneración el creyente recibe una vida nueva que es eterna. La vida impartida es eterna. Es un cambio en la esfera de su vida interior sobre el cual él no tiene control. El Hijo de Dios no puede jamás perder su relación de Hijo, y tampoco un hijo humano puede perder la suya. Tiene "vida eterna" (Juan 3:36).

Aunque el otro punto de vista se presentará en la próxima sección de esta lección, notemos algunas objeciones a la doctrina de "una vez salvo, siempre salvo." (1) Induce descuido en conducta, y promueve pereza en el servicio del Señor. (2) Le roba al hombre de su libertad, si ya no tiene control sobre su propia vida. Sin el poder de elegir, es un hombre mecánico o robot. (3) Las Escrituras enseñan en contra de este punto de vista. Hay que comparar todas las Escrituras en vez de tomar unos cuantos pasajes aislados para sostener un punto de vista como hacen los que se adhieren a este punto de vista. (4) La Biblia está llena de amonestaciones y exhortaciones a los salvos que parecerían innecesarias si fuera cierta la doctrina de la seguridad incondicional del creyente. ¿Por qué se habría de advertir a los creyentes incondicionalmente seguros si no hubiera ningún peligro de caer? Ahora vamos a considerar un estudio positivo de la doctrina de perseverancia.

II. LA PERSERVERANCIA DE LOS SANTOS (Romanos 8:35-39)

Este estudio se puede desarrollar mejor dividiéndolo en diferentes temas. Notemos cada uno de los encabezamientos relacionados a la perseverancia.

Capítulo Siete

A. La naturaleza condicional de la salvación (2 Crónicas 15:1-4)

Los bautistas libres como denominación enseñan (1) que la salvación es condicional y (2) que la seguridad de los creyentes es condicional. Esta doctrina queda en oposición a la doctrina que enseña que Dios elige a algunas personas a la salvación y a otras para ser condenadas. También está en oposición a la doctrina que enseña "una vez salvo, siempre salvo."

La condición usando la palabra "si" se introdujo temprano en la historia del hombre. Sobre Caín, el hijo de Adán y Eva, que el Señor dijo, "Si bien hicieres, ¿no serás enaltecido? Y fue Caín quien fue rechazado porque rehusó cumplir con la condición: por lo tanto, salió de la presencia del Señor.

Dios dijo a Abraham, "Anda delante de mí y sé perfecto. Y pondré mi pacto entre mí y ti, y te multiplicaré en gran manera" (Génesis 17:1,2). El hecho de que hubiera condiciones en este pacto se manifiesta en varios lugares. En Hebreos 11:8 se reporta que "por la fe Abraham, siendo llamado, obedeció." A Abraham se le había dicho, "En cuanto a ti, guardarás mi pacto, tú y tu descendencia después de ti por sus generaciones" (Génesis 17:9). Aquellas generaciones subsiguientes que no guardaron los mandamientos fueron cortadas.

El pacto de Dios con Israel se basaba en condiciones. En el Sinaí cuando fue instituido, Dios dijo, "…si diereis oído a mi voz y guardareis mi pacto, vosotros seréis mi especial tesoro sobre todos los pueblos," (Éxodo 19:5). Posteriormente había seis "si" grabados en este pacto: (1) "si anduviereis en mis decretos y guardareis mis mandamientos, y los pusiereis por obra," (2) "Pero si no me oyereis, ni hiciereis todos estos mis mandamientos," (3) y si desdeñareis mis decretos, y vuestra alma menospreciare mis estatutos," (4) y si aun con estas cosas no me oyereis," (5) si anduviereis conmigo en oposición," (6) y si con estas cosas no fuereis corregidos" (Levítico 26:3, 14, 15, 18, 21, 23).

Estas condiciones se hallan a lo largo del resto del Antiguo Testamento. En cada instancia de un ofrecimiento de salvación o bendición, las condiciones o están expuestas explícita o implícitamente. Probablemente el punto esencial del asunto lo expresó el profeta Azarías a Asa el rey en el pasaje dado en el encabezamiento de esta sección. El profeta le dijo al rey, "Jehová estará con vosotros, si vosotros estuviereis con él; y si le buscareis, será hallado de vosotros; más si le dejareis, él también os dejará" (2 Crónicas 15:2). La condición se expone claramente. Una relación correcta entre Dios y el hombre requiere la disponibilidad de ambos. Dios quiere entrar en una relación redentora con el hombre. Pero Dios no impone su voluntad en el hombre no dispuesto.

En el Nuevo Testamento se sigue el mismo principio. La salvación siempre es condicional. Aun en Juan 3:16 la salvación prometida se basa en "todo aquel que quiere." Jesús dijo en otra ocasión, "cualquiera de vosotros que no renuncia a todo lo que posee, no puede ser mi discípulo" (Lucas 14:33). En Juan 8:51 Jesús dijo, "De cierto, de cierto os digo, que el que guarda mi palabra, nunca verá muerte." A sus discípulos en otra ocasión Jesús comentó, "Si alguno quiere venir en pos de mí, niéguese a sí mismo, y tome su cruz, y sígame" (Mateo 16:24).

Pablo, el gran apóstol de la salvación por la fe y las doctrinas de elección, predestinación y adopción, no guardó silencio en cuanto a condiciones en la salvación. Nos informa que las ramas judías fueron desgajadas "por su incredulidad" (Romanos 11:20). Los gentiles disfrutaban la oportunidad y seguirían disfrutándola "si permaneces en esa bondad; pues de otra manera tú también serás cortado" (Romanos 11:22. En otra parte para amonestar a creyentes escribió, "porque si vivís conforme a la carne, moriréis; más si por el Espíritu hacéis morir las obras de la carne, viviréis" (Romanos 8:13).

En las epístolas de Juan hay varias referencias a condiciones en la salvación. En su primera carta escribió, "Si lo que habéis oído desde el principio permanece en vosotros, también vosotros permaneceréis en el Hijo y en el Padre" (I Juan 2:24). También escribió que "cualquiera que se extravía, y no persevera en la doctrina de Cristo, no tiene a Dios" (2 Juan 9).

Si las Escrituras hacen condicional la salvación para algunos, debe ser condicional para todos. La mayoría de las ofertas de salvación tiene una condición explícitamente expuesta. En el Nuevo Testamento el arrepentimiento y la fe aparecen como condiciones para entrar a la salvación. La continuación en la fe luego aparece explícita o implícitamente como condición para continuar en la salvación. Aunque nunca se implican o se declaran las obras como condición, las Escrituras dicen claramente que la fe resultará en las obras, será demostrada por las obras, y que una fe sin obras es muerta. La salvación está condicionada en un crecimiento en la gracia, pues después de alistar las gracias cristianas que el creyente tiene que asumir, Pedro escribió, "porque haciendo estas cosas, no caeréis jamás" (2 Pedro 1:10). Entonces, la salvación es una cosa dinámica en la vida.

B. La necesidad de la continuación (Ezequiel 33:12-15)

La naturaleza condicional de la salvación y la seguridad del creyente hace que la continuación en el desarrollo de fe y conducta sean una necesidad. Los artículos de fe de los bautistas libres (páginas 43,44 del *Tratado* en inglés) ponen las condiciones de salvación como no solamente arrepentimiento y fe, sino "la continuación en la fe y obediencia hasta la muerte." En estos mismos artículos, el que define la perseverancia, se hace la declaración que "Todos los creyentes en Cristo, quienes por medio de la gracia perseveran en la santidad hasta el final de la vida, tienen la promesa de la salvación eterna." Estas declaraciones se basan en aseveraciones escriturales específicas.

En este pasaje de Ezequiel, hay un principio bíblico frecuentemente repetido que declara el profeta, "La justicia del justo no lo librará el día que se rebelare" (Ezequiel 33:12). El profeta aparentemente está diciendo que cuando un hombre piadoso descontinúa el camino piadoso de vida y por transgresiones deliberadamente deja el patrón piadoso de vida, no puede reclamar más las bendiciones de su relación con Dios.

Esto se sostiene más en el próximo versículo donde el profeta continúa diciendo, "Cuando yo dijere al justo: De cierto vivirás, y él confiado en su justicia hiciere iniquidad, todas sus justicias no serán recordadas, sino que morirá por su iniquidad que hizo." (v.13) El profeta, hablando por Dios, enseñaba que un hombre justo no podía abandonar el camino de justicia sin perder los beneficios de su vida en Dios. Si cometiera transgresión (una brecha de la ley conocida de Dios) o iniquidad (una vida de perversión) quedó rota su relación previa con Dios.

Jesús afirmó este mismo principio de continuación en el Nuevo Testamento. En una ocasión dijo, "más el que persevere hasta el fin, éste será salvo" (Mateo 10:22). Jesús estaba hablando de creyentes viviendo bajo persecución extrema. Ciertamente no se refería a la salvación física de la persecución. Esto no se nos promete siempre. Aparentemente, hablaba de la continuación en la vida cristiana hasta el fin, aunque era necesario mantener la fe en medio de las pruebas más fuertes.

Pablo tenía en mente un principio similar cuando escribió a los Gálatas, diciendo, "No nos cansemos, pues, de hacer bien; porque a su tiempo segaremos, si no desmayamos" (Gálatas 6:9). En su carta a los Efesios él apenas había escrito que nuestra salvación es "no de obras" (2:9) cuando inmediatamente dijo, "Porque somos hechura suya, creados en Cristo Jesús para buenas obras, las cuales Dios preparó de antemano para que anduviésemos en ellas" (2:10). Seguramente la implicación es que la continuación del creyente en la fe se evidencia por el tipo de vida que lleva.

Juan, el que escribió Apocalipsis, al escribir a las siete iglesias de Asia, tenía como pensamiento central la continuación en la experiencia cristiana en su mensaje. El mensaje de Cristo a la iglesia de Laodicea es típico de lo que Juan escribió a cada una. A los laodicenses fue escrito, "al que venciere, le daré que se siente conmigo en mi trono, así como yo he vencido, y me he sentado con mi Padre en su trono" (Apocalipsis 3:21). A la iglesia de Tiatira él había escrito, "al que venciere y guardare mis obras hasta el fin, yo le daré autoridad sobre las naciones" (2:26).

Lo que se ha dicho hasta ahora, no tiene la intenc9ión de inferir que la continuación del creyente en la fe depende solo del creyente. Debemos reconocer que sólo con la ayuda de Dios se le permite al creyente continuar en la fe. Nuestro Tratado dice que "Hay poderosas razones para esperar que el verdadero regenerado perseverará hasta el fin y será salvo, por medio del poder de la gracia divina que le es ofrecida para su sostén…" Sin esta gracia divina el creyente no tendría el poder para continuar. Toda su fuerza para perseverar viene de la gracia de Dios.

C. La posibilidad de apostasía (Hebreos 6:4-6)

La doctrina más vitalmente relacionada a la perseverancia es la cuestión sobre la posibilidad de la apostasía. Si la apostasía no es posible, o señalada en la Palabra de Dios, entonces la doctrina de la preservación de los santos es, sin duda, la correcta. Los bautistas libres creen que las Escrituras sí enseñan en cuanto a los creyentes que "su futura obediencia y su salvación final no está determinada ni es cierta, puesto que por las debilidades y las muchas tentaciones está en peligro de caer; y debe, por lo tanto, velar y orar no sea que haga naufragio de la fe y se pierda."

Aunque lejos de ser el único, el pasaje en Hebreos 6:4-6 es probablemente la mejor afirmación y la más conclusiva en el Nuevo Testamento. Seguramente, una persona salva se describe ahí con las palabras "los que una vez fueron iluminados y gustaron del don celestial, y fueron hechos partícipes del Espíritu Santo, y asimismo gustaron de la buena palabra de Dios y los poderes del siglo venidero" (6:4,5). Si uno de tal experiencia no es salvo, es difícil imaginar qué se requeriría para describir un creyente verdadero. Aunque muchos que creen en la seguridad incondicional reconocen que una persona salva se describe aquí, pero tratan de disminuir el significado del

Capítulo Siete

pasaje al interpretar el pasaje entero como una situación hipotética que nunca tendrá lugar. No obstante, la Escritura claramente declara que "es imposible...y recayeron, sean otra vez renovados para arrepentimiento (6:4,6). El pasaje seguramente describe una posibilidad y una condición que no se puede remediar.

Si el creyente no pudiera estar perdido después de ser salvo, las advertencias de Pablo parecerían absurdas. Advirtió a los creyentes corintios que "mire que no caiga" (I Corintios 10:12). Le dijo a Timoteo "algunos apostatarán de la fe" (I Timoteo 4:1), y menciona a los que son "réprobos en cuanto a la fe" (2 Timoteo 3:8). Este vocablo "réprobo" se usa de aquellos que han abandonado la fe en 2 Corintios 13:6,7. Pablo le insinuó a Tito que un apóstata era uno que "se ha pervertido," "peca," y por lo tanto "está condenado" (Tito 3:11).

En la hermosa analogía de Jesús en cuanto a la vid y los pámpanos, Jesús parece hacer evidente la posibilidad de la apostasía. Su único cuadro es de creyentes en una relación correcta con Él. Pero dijo "el que en mí no permanece (el griego permite "si el hombre no continúa permaneciendo en mí), será echado fuera como pámpano, y se secará, y los recogen, y los echan en el fuego, y arden" (Juan 15:6). Es probable que Jesús describa al apóstata cuando habla de "la blasfemia contra el Espíritu Santo," la cual dijo que "no les será perdonado" (Mateo 12:31).

Pedro menciona varias veces el apóstata. Les describe como "esclavos de corrupción. Porque el que es vencido por alguno es hecho esclavo del que lo venció" (2 Pedro 2:19). Continuó diciendo, "Ciertamente, si habiéndose ellos escapado de las contaminaciones del mundo, por el conocimiento del Señor y Salvador Jesucristo, enredándose otra vez en ellas son vencidos, su postrer estado viene a ser peor que el primero" (v. 20). Que Pedro describía a una persona salva está explícito en los siguientes datos: (1) Estas personas habían escapado de las contaminaciones de mundo, (2) Del estado en que estaban tuvieron que ser vencidos para regresar a una condición anterior, (3) Tenían conocimiento del Señor y Salvador Jesucristo. (4) Se volvieron atrás del santo mandamiento que les fue dado.

El libro de Judas se dedica totalmente a una descripción de apóstatas que "se lanzaron por lucro en el error de Balaám" (v.11), Son personas "dos veces muertas" cuyo fruto queda desarraigado (v.12). A los creyentes a los cuales escribió Judas, se les exhortó que "conservaos en el amor de Dios (v. 21).

Judas da alabanza "a aquel que es poderoso para guardaros sin caída (v. 24). Tal oración es absurda si una caída fuera imposible.

La Biblia está llena de exhortaciones y advertencias dirigidas a creyentes. Éstas presuponen la habilidad de caer de la gracia y estar perdido. En I Crónicas 28:9 leemos "más si lo dejares, él te desechará para siempre." Estas palabras a Salomón son meramente un ejemplo de las advertencias que si se refirieran a una imposibilidad hacen que la Palabra de Dios parece absurda. Pero la Palabra es clara en otros pasajes que estas advertencias no describen imposibilidades. Aún los ángeles, se nos dice, "no guardaron su dignidad, sino que abandonaron su propia morada" (Judas 6). En la historia del hombre rico y Lázaro, encontramos al hombre rico, hijo de la familia abrahámica en el infierno. Si los pactos de Dios son sin condiciones, ¿cómo sucedió eso? Asimismo, Pablo usa a los judíos como nación que fue cortada. ¿Y por qué fueron cortados? Pablo dijo "Bien; por su incredulidad fueron desgajados," (Romanos 11:20). A los gentiles que habían creído él escribió, "Porque si Dios no perdonó a las ramas naturales, a ti tampoco perdonará" (Romanos 11:21). Así es que la evidencia se acumula mientras uno escudriña las Escrituras para mostrar que un creyente es partícipe con Dios en su propia salvación. Por eso, conviene que cada uno "ocupaos en vuestra salvación con temor y temblor" (Filipenses 2:12).

D. La necesidad de crecimiento (2 Pedro 1:1-10)

Debido a la posibilidad de caer, cada creyente debe darse al crecimiento en la gracia, a fin de poder vencer. El mensaje total de Pedro en 2 Pedro parece ser para animar a creyentes a profundizar su experiencia (conocimiento) con el que les salvó (1:2). Gracia es el favor no merecido de Dios. Paz es aquella condición que resulta de una relación correcta. Para lograr ese crecimiento, él pone una fórmula por la cual ellos tienen que vivir. Esto es añadir a la fe por la cual fueron salvos (1:5).

Pedro predice dos cosas para creyentes: (1) "Porque si estas cosas están en vosotros, y abundan (v.8), si hay un crecimiento continuo en el creyente, no serán "ociosos, ni sin fruto en cuanto al conocimiento de nuestro Señor Jesucristo." (2) La persona a que la falta el crecimiento en esta vida llegará a ser "ciega," "habiendo olvidado la purificación de sus antiguos pecados" (v.9). Se le exhorta al creyente a no permitir que esto le ocurra, sino de "procurar hacer firme vuestra vocación y elección; porque haciendo estas cosas, no caeréis jamás" (v.10). Concluye su libro con una advertencia "guardaos,

Capítulo Siete

no sea que, arrastrados por el error de los inicuos, caigáis de vuestra firmeza. Antes bien, creced en la gracia y el conocimiento de nuestro Señor y Salvador Jesucristo" (3:17, 18).

La gran carga de las epístolas de Pablo es el crecimiento de creyentes. En Primera y Segunda a los Corintios, él trata con problemas de los creyentes que amenazan sus vidas espirituales. A estos escribió, "Examinaos a vosotros mismos si estáis en la fe; probaos a vosotros mismos. ¿O no os conocéis a vosotros mismos, que Jesucristo está en vosotros, a menos que estéis reprobados?" (2 Corintios 13:5). En Efesios él les urge a vivir "comprobando lo que es agradable al Señor" (5:10). Exhorta al creyente a fortalecerse "en el Señor y en el poder de su fuerza" (6:10), y "vestíos de toda la armadura de Dios" (v. 11). Mandó a los creyentes en Colosas a que "...andéis como es digno del Señor, agradándole en todo, llevando fruto en toda buena obra, y creciendo en el conocimiento de Dios; fortalecidos con todo poder, conforme a la potencia de su gloria, para toda paciencia y longanimidad" (Colosenses 1:10, 11).

Este crecimiento es nuestra santificación. El *Tratado* dice "Es la continuación de la gracia de Dios por la cual el cristiano puede crecer constantemente en la gracia y el conocimiento de nuestro Señor Jesucristo." Hay privilegios y logros que ningún creyente alcanza. La mayoría vive bajo el potencial que tienen en Cristo. Cada uno de nosotros como Pablo debemos poder decir "yo mismo no pretendo haberlo ya alcanzado; pero una cosa hago: olvidando ciertamente lo que queda atrás, y extendiéndome a lo que está delante, prosigo a la meta, al premio del supremo llamamiento de Dios en Cristo Jesús" (Filipenses 3:13, 14). Tal meta asegurará la perseverancia de uno en la fe y traerá una experiencia más enriquecida.

8

La Iglesia y LA IGLESIA

Trasfondo

Varias definiciones de la iglesia se han dado por los que han sido influenciados por su propia teología. Los católicos romanos han declarado que la Iglesia Católica Romana es la única iglesia y que la salvación se halla en ella. El término *católico* indica esta creencia, pues significa general o universal.

Muchos protestantes han intentado evitar la idea de sucesión a los apóstoles viendo la iglesia de dos maneras: una iglesia visible y una iglesia invisible. Un número de esos hombres han aplicado el término iglesia a una denominación, pero esta no es una aplicación correcta.

Además del concepto de denominación, otras definiciones han sido propuestas. Algunas hablan del edificio como la iglesia. La Biblia no conoce tal definición.

Hay muchos bautistas que se aferran a la idea que la definición bíblica de la palabra "iglesia" es de una congregación de creyentes quienes han hecho pacto para reunirse a ciertas horas anunciadas para adorar a Dios, quienes creen y practican las cosas enseñadas por Cristo y sus apóstoles, y que observan las ordenanzas. Esta definición, por supuesto, se refiere a la iglesia local, y la mayoría de las veces que la palabra se menciona en la Biblia, la referencia es a la iglesia local. Aún las veces que algunos dirían que se refieren a la iglesia de una manera general, algunos han pensado que son futuristas, o que por lo menos se podrían interpretar como referencias a la iglesia local.

La idea de sucesión está sostenida de parte de algunos quienes dicen que se refiere a los principios mayores del grupo en vez de a una sucesión histór-

Capítulo Ocho

ica. Una iglesia es identificada por su fe y prácticas, en vez de por su nombre. Una iglesia que practica y enseña la fe practicada y enseñada por los apóstoles sería una iglesia de Dios, a pesar del que haya sido su origen.

En breve, estas son algunas ideas acerca de la iglesia. A pesar de todo, lo más importante es estar bien con Dios y luego seguir las enseñanzas en la Palabra de Dios lo más cerca posible.

BOSQUEJO

I. **La base de una iglesia cristiana (Mateo 16.13-20)**
II. **El cuerpo de la iglesia (Romanos 12:1-15; I Corintios 12:12-31)**
III. **La cabeza de la iglesia (Colosenses 1:18-23)**

INTRODUCCIÓN

La "iglesia" como el mundo la ve en general, ha llegado a ser objeto de muchos ataques de diversas fuentes. Por supuesto la iglesia siempre ha sido atacada en todas las edades. Pero los asaltos renovados parecen un poco diferentes. Se ha hecho la acusación de ser un medio inefectivo de solucionar los problemas del mundo. Todas estas acusaciones han surgido mientras cleros han empezado a participar en el engrandecimiento decisivo de la brecha entre los que predican un evangelio social y aquellos que ponen énfasis en la misión redentora de la iglesia. Las doctrinas de varios grupos han sido ajustadas para alinearse con cualquier énfasis que un grupo eclesiástico quiera sostener.

En vista de todos los cambios radicales que se hacen, y las acusaciones lanzadas por el mundo a la iglesia, nos conviene tener conocimiento con la constitución de la iglesia y conocer su naturaleza. Hay que responder si la iglesia ha de adaptarse al escenario cambiante, y los nuevos conceptos que se están presentando al mundo hoy. Es evidente que la mayoría de las denominaciones se van a conformar. ¿Se conformarán los bautistas libres simplemente por conformarse, o procuraremos ser diferentes? La respuesta está en la Palabra de Dios. Los bautistas libres deben procurar diligentemente el concepto bíblico de la iglesia y conformarse lo más cerca posible a ese concepto.

I. LA BASE DE UNA IGLESIA CRISTIANA (Mateo 16:13-20)

Jesús usa la palabra *iglesia* sólo una vez con referencia al cuerpo de creyentes quienes pondrían su fe en Él. Él sí, usó la palabra una vez más para referirse a la asamblea judía o corte sobre el asunto de resolver disputas entre personas (Mateo 18:17). La palabra usada por Jesús tiene trasfondo en el concepto de la asamblea de Israel. Tanto el hebreo como el griego se refieren a los "llamados, o los llamados fuera." La palabra hebrea se usa para el acto de llamar y para la asamblea de los llamados fuera. Algunos falsamente han asociado el origen de la iglesia con Israel porque la palabra "asamblea" se traduce como "iglesia" en Hechos 7:38 (en la versión King James en inglés). Israel fue llamado una asamblea o iglesia, o "los llamados fuera," porque como nación fueron llamados de los demás para ser una nación santa.

El título del libro de Eclesiastés a veces es conocido como "El Predicador." La palabra *Eclesiastés* viene de la misma palabra que iglesia o asamblea (ekklesía). Pero la palabra utilizada en el título de aquel libro se refería "a aquel que llamó juntos a la congregación."

Es en el Nuevo Testamento que el verdadero significado e idea de la iglesia se deriva, mientras lo usamos. Es una institución neotestamentaria y el concepto de la iglesia no se debe perder, aunque consideremos el reino y el cristianismo. Fue la iglesia con que Cristo se identificó tan positivamente. Pablo nos dice que "Cristo amó la iglesia y se dio a si mismo por ella" (Efesios 5:25). Pablo dio su vida para extender la influencia de la iglesia y confesó que su pecado más grande fue el de perseguir "la iglesia de Dios" (I Corintios 15:9). La iglesia existe para "perfeccionar a los santos para la obra del ministerio, para la edificación del cuerpo de Cristo" (Efesios 4:12). Será completa y habrá servido su propósito cuando esto se cumpla.

Las palabras de Jesús cuando dijo que "edificaré mi iglesia" no nos dan demasiados pensamientos acerca de la estructura básica de la iglesia, pero nos dice mucho sobre la base para ella. En el cuadro presentado en Mateo 16:13-20, el Señor se esforzó mucho para sacar de los discípulos una buena y firme convicción sobre quién era Él. Fue Pedro, el portavoz para el grupo quien dijo las palabras que Jesús quería que confesara. Sus palabras: "Tú eres el Cristo, el Hijo del Dios viviente" (v.16).

Fue esta confesión a la que Jesús se refería cuando dijo "Sobre esta roca edificaré mi iglesia (versículo 18). Los católicos erróneamente interpretan que Pedro (piedra) fue la roca sobre la cual la iglesia se edificaría. El fundamento de la iglesia es Jesucristo, o la profesión que Cristo es el Hijo del Dios viviente. Solo aquellos que hacen tal profesión son elegibles para membresía en la iglesia de Jesucristo.

Esta profesión que sirve de base de la iglesia no viene naturalmente a los hombres. Solo aquellos con visión espiritual pueden hacer tal confesión. Jesús le dijo a Pedro, "...no te lo reveló carne ni sangre, sino mi Padre que está en los cielos" (Mateo 16:17). Esto nos recuerda las palabras posteriores de Juan, quien dijo, "El que tiene al Hijo tiene la vida, y el que no tiene al Hijo de Dios no tiene la vida (I Juan 5:12). También escribió, "Todo aquel que niega al Hijo, tampoco tiene al Padre" (I Juan 2:23).

Este evento en la vida de Cristo y sus discípulos nos trae a la primera mención de la iglesia en el Nuevo Testamento. Podría decirse que las palabras de Cristo escritas aquí contienen un cuadro de la iglesia en profecía y en promesa. Jesús había ya reunido un grupo de hombres quienes profesarían "Tú eres el Cristo, el Hijo del Dios viviente." Sobre esta confesión, Él prometió y predijo, "Yo edificaré mi iglesia."

Históricamente, el inicio de la iglesia se debe trazar a los primeros dos capítulos de Hechos y el día de Pentecostés que siguió la ascensión de Cristo. Esos dos capítulos nos dan el primer relato de la iglesia cristiana. Aquí está descrito su comienzo glorioso. Aunque previamente predicho, ahora tenía una existencia concreta en Jerusalén. Fue constituida por los que creyeron en Jesucristo y que por su relación con Él habían sido regenerados. Lucas escribe, "Y el Señor añadía cada día a la iglesia los que habían de ser salvos" (Hechos 2:47).

La membresía en la iglesia involucra condiciones relacionadas a la misma base de la iglesia. (1) Arrepentimiento y bautismo son requisitos para todos los que llegan a ser miembros de Su iglesia. En Pentecostés Pedro les dijo a los que averiguaban qué tenían que hacer para ser parte de ese grupo, "Arrepentíos y bautícese cada uno de vosotros en el nombre de Jesucristo para perdón de los pecados, y recibiréis el don del Espíritu Santo" (Hechos 2:38). (2) Otro requisito o condición es la fe en el Señor Jesucristo como Redentor divino. Al carcelero quien vino averiguando sobre el camino de la salvación, Pablo le dijo, "Cree en el Señor Jesucristo, y serás salvo, tú y tu casa," (Hechos 16:31). Todo el sermón de Pedro en Pentecostés hace hincapié en este gran hecho – fe en Cristo. (3) Cuando los seres humanos cumplen estas dos condiciones, Dios cumple con la otra en que Él salva y regenera el alma

Doctrinas Bautista Libres

que así responde: "El Señor añadía cada día a la iglesia los que habían de ser salvos" (Hechos 2:47). No hay otra manera de estar en la iglesia, sino como un acto de Dios. La regeneración cualifica a uno para membresía. Puesto que la regeneración es el nuevo nacimiento, puede decirse que uno nace a la iglesia (espiritual, no físicamente).

Después de cumplir estas condiciones de membresía, otras cosas resultarán en la vida de los miembros. Como los primeros miembros "perseveraban en la doctrina de los apóstoles, en la comunión" (Hechos 2:42), los miembros de hoy procurarán adherirse a la enseñanza de la Palabra de Dios. Además del bautismo como confesión abierta de una experiencia de conversión, el creyente constantemente confesará a Cristo como Salvador y su poder para salvar a los hombres.

La iglesia se presenta bajo varias figuras en el Nuevo Testamento. Nunca es vista como una organización, sino siempre como un organismo. Frecuentemente se ve como cuerpo. Hay dos ideas específicas en este símbolo: (1) la relación de la iglesia a Cristo quien es su Cabeza, y (2) la relación de miembros individuales unos a otros.

Los libros escritos a los Colosenses y a los Efesios especialmente usan el símbolo de la iglesia como cuerpo. En Efesios la iglesia se presenta como el cuerpo de Cristo; en Colosenses el énfasis está en Cristo como Cabeza de la iglesia. Pero estas figuras también se usan en otras partes de la Biblia. Pablo hace uso de esta figura en sus otras epístolas. El énfasis más grande de Pablo en otras epístolas es más bien la relación de los miembros unos a otros en aquel cuerpo.

También se ve la iglesia con otro simbolismo. Es vista como templo (Efesios 2:21), un edificio (I Corintios 3:9), una casa o habitación (I Timoteo 3:15), o morada del Espíritu Santo (I Pedro 2:5; I Corintios 3:16). Posiblemente un símbolo más prominente además de éstos es el retrato de la iglesia como novia de Cristo. Éste se emplea tanto por Pablo (2 Corintios 11:2; Efesios 5:22-27) como por Juan (Apocalipsis 19:7; 22:17; 21:2).

El concepto de la iglesia incluye diferentes cosas. Usualmente, en el Nuevo Testamento, la palabra se aplica a un grupo local de creyentes. Este es el significado usual del término. Los apóstoles organizaron iglesias y usaron el término en ese sentido generalmente (Hechos 9:31; 15:41; Romanos 16:16; Gálatas 1:2; Colosenses 4:15).

El Tratado de los Bautistas Libres da una definición de una iglesia cristiana: "un grupo organizado de creyentes en Cristo que se reúne regularmente

Capítulo Ocho

para adorar a Dios, y que mantienen las ordenanzas del evangelio conforme a las Escrituras." Además, dice "La iglesia de Dios, o miembros del cuerpo de *Cristo, es el grupo total de cristianos a través del mundo entero, y nadie sino los regenerados son sus* miembros."

Esta declaración nos añade otra definición de la iglesia. Además de la iglesia local hay una iglesia universal. Estas dos a veces se distinguen como local y universal, o como visible e invisible. La iglesia universal no es una organización visible de creyentes, sino que está compuesta de todos los que se han hecho hijos de Dios por la fe en Jesucristo y están unidos a Él espiritualmente como su Cabeza. Era esta iglesia universal de la cual Jesús habló cuando dijo "sobre esta roca edificaré mi iglesia" (Mateo 16:18). Este es el concepto de la iglesia que Pablo describe en Efesios como el cuerpo de Cristo.

Los términos *visible* y *local* no se refieren al mismo concepto. La expresión iglesia visible hace referencia a todas las personas que son miembros de organizaciones eclesiásticas alrededor del mundo. El término iglesia local se refiere a cualquier cuerpo local organizado de creyentes. Aquella iglesia local sería parte de la iglesia visible. Éstas están en contraste con la iglesia invisible la cual consiste no de personas que no se ven, sino personas de todas las edades que han sido vinculadas unas a otras y todas a Cristo por medio de una relación espiritual "invisible." La iglesia visible es de una naturaleza mixta. Solo los regenerados son miembros de la iglesia invisible.

Una palabra más sobre la terminología se puede añadir: No se debe referir a nuestra denominación como La Iglesia Bautista Libre. Solo se refieren a iglesias locales de esta manera, como, por ejemplo, "La Iglesia Bautista Libre de _____ (cierta ciudad)." Cuando un grupo de iglesias se refieren a su denominación, como por ejemplo La Iglesia Metodista, o la Iglesia Católica, se debe tener presente que ningún grupo posee derechos exclusivos a ser la iglesia.

II. EL CUERPO DE LA IGLESIA
   (Romanos 12:1-15; I Corintios 12:12-31)

Pablo usa una forma muy detallada de hablar en I Corintios 12 al describir el cuerpo de Cristo – la iglesia. Él usa el cuerpo humano como ejemplo para describir la iglesia. Aunque Pablo había estado mostrando que los individuos reciben dones del Espíritu, en esta sección demuestra que es el cuerpo de Cristo, la iglesia entera, que recibe esos dones.

El cuerpo es uno, pero tiene muchos miembros. Los miembros, siendo muchos, forman un solo cuerpo. Un cuerpo es un organismo que puede ser uno sólo si posee todos los miembros que lo constituyen. En un organismo todos los miembros son gobernados desde un centro y tiene una vida que procede de una fuente. Al describir tal cuerpo, Pablo añade, "así también Cristo" (v.12). Cristo es un cuerpo que tiene muchos miembros.

Este concepto no se puede aplicar a Cristo personalmente. "Cristo" aquí se está refiriendo a aquel cuerpo del cual Cristo es la cabeza. Esta idea es consecuente con el versículo 27 del mismo capítulo y con las enseñanzas de Pablo en otras partes (Efesios 1:22,23). En realidad, lo que Pablo quiere demostrar es la presencia de diversidad y al mismo tiempo, la unidad entre los que constituyen el cuerpo de Cristo. Hay diversidad por los diferentes dones, pero hay unidad por la unión estrecha entre Cristo y los creyentes.

En el versículo 13 Pablo añade una segunda razón porque la iglesia manifiesta tanto unidad como diversidad y por qué la figura de un cuerpo es una manera apropiada de describir la iglesia. Esta razón se encuentra como consecuencia viendo la manera en que la iglesia se manifiesta a sí misma. El "nosotros todos" representa la diversidad. Los miembros individuales en un tiempo eran judíos o gentiles, algunos esclavos y otros hombres libres. La misma diversidad seguía existiendo después de que fueron un cuerpo por el bautismo. Por el bautismo logrado por el Espíritu Santo (no el bautismo en agua), se constituyeron un cuerpo, una iglesia. El bautismo en aguas no fue la actividad que los incorporó en un cuerpo, más bien "por un solo Espíritu," eso es, el Espíritu Santo. Es asombroso como gente totalmente diferente puede hallar unidad en un cuerpo. Esto fue especialmente notable en la iglesia primitiva.

Es de notar que se puede añadir esto: El espíritu ecuménico que tanto permea el mundo hoy, y procura traer a la iglesia a una sola organización, si estudiara eso se daría cuenta que la iglesia ya posee ecumenicidad. La iglesia es un cuerpo hoy. La ecumenicidad verdadera no consiste en una estructura organizacional, sino en la unidad obrada por el Espíritu de Dios. "Y a todos se nos dio a beber de un mismo espíritu." Esto resulta en la comunión más estrecha.

Los versículos 14-16 hablan de la existencia de una diferencia que podría surgir entre los miembros individuales. Aunque la figura es la de un cuerpo, la misma figura puede aplicarse a la iglesia. A veces los miembros no aprecian la unidad del cuerpo, pero es una unidad que no se puede abolir. Los

Capítulo Ocho

creyentes siempre están relacionados al cuerpo, y no pueden funcionar efectivamente aparte del reconocimiento de esta inter-relación.

En el versículo siguiente (17) Pablo muestra que triste condición resultaría "si el cuerpo entero" fuera un solo miembro. Aunque esto seguramente eliminaría la diversidad, no se podría cumplir muchas funciones. Pero esto no es cierto como Pablo indica en los versículos 18 y 19. Cada miembro tiene su propio lugar especial en el cuerpo, y esa función es lo que lo hace parte del cuerpo. Debido a los miembros y su función realizada en unidad, el organismo vivo existe.

Pablo repite su tesis original en el versículo 20. Hay un cuerpo; este tiene muchos miembros. De esta premisa él saca varias lecciones: (1) si el cuerpo posee unidad, los miembros están relacionados unos a otros porque son miembros de un solo organismo (v. 21). (2) Todos los miembros deben cumplir sus tareas, y ningún miembro es innecesario (v. 22). (3) las apariencias son engañosas y lo que parece ser el miembro más débil o más innecesario es también vital a la función total del cuerpo (v.22, 23). (4) El orden de importancia en el cuerpo de Cristo lo ordena Dios, de acuerdo a Su voluntad (v. 24; compárese versículos 11 y 18).

El equilibrio perfecto en el cuerpo, o el hecho de que sea como sea, viene del plan de Dios (v. 24). Pero, aunque Dios dispone poner algunos miembros a trabajar en un lugar donde no se ven ni son reconocidos, sin embargo, son indispensables para el trabajo del cuerpo. Si esos no hicieran su tarea, eso impediría la ejecución de otros miembros (v. 25). Esta relación estrecha dentro del cuerpo resulta en una de dos cosas: (1) Si un miembro sufre, todo el cuerpo también sufre (v. 26). (2) Si un miembro recibe honra, todo el cuerpo es honrado con él (v.26).

Aunque Pablo tiene la congregación local en mente en el versículo 27, lo que se dice de la iglesia local se puede aplicar a la iglesia universal. Pablo dice que la iglesia en Corinto es un cuerpo de Cristo. Es un organismo formado por Cristo y mantenido por Él. Tiene el carácter completo de un cuerpo, tal como lo describe Pablo. En estos versículos (28-30), Pablo muestra la diversidad de los oficios y los dones dentro del cuerpo que él está describiendo.

El hablar en lenguas se había convertido en un problema en la iglesia de los corintios. Pablo les muestra que este no es el único don y cuál es su lugar en la iglesia. Los oficios y los dones en la iglesia y sus posiciones de importancia los enlista Pablo en el siguiente orden: (1) Apóstoles, hombres directamente llamados por Dios. (2) Profetas, quienes, como los apóstoles, tenían que cumplir su rol en el primer período de la iglesia, están en segundo lugar en la lista. Este oficio no era tan importante ni universal como el de los apóstoles, pero tampoco estaba restringido a un área local. (3) Maestros, los oficiales de la iglesia local que enseñaban y predicaban la revelación que había sido recibida. (4) Los que hacían milagros eran aquellos entre los profetas que tenían poderes especiales durante la época del Nuevo Testamento. (5) Los dones de sanidad no eran nada comparable a los "sanadores divinos" de hoy. Eran dones que se manifestaban en situaciones particulares y no una vocación seguido por los hombres. (6) Los que ayudaban y los que administraban se refieren a otros oficios locales dentro de la iglesia que ayudaban al cuerpo en el cumplimiento de sus tareas. (7) Solo después de mencionar todos estos llega Pablo a "dones de lenguas." La *glossalalia*, o el hablar en lenguas (la palabra "desconocida no aparece en el texto original), don tan altamente deseado por los corintios, se coloca en lugar de menos significado por Pablo.

El libro de Romanos añade a nuestro concepto del cuerpo de Cristo. En Romanos 12:1-3 Pablo amonesta a cada creyente que presente su cuerpo a Cristo. Entonces habla de la misma unidad y diversidad que había enfatizado en el pasaje en I Corintios (Romanos 12:4,5). Luego da una exhortación a los miembros del cuerpo a que cumplan su llamado particular, tal y como se les ha dado (versículos 6-8).

Empezando con el versículo 9, Pablo da unas verdades para dirigir a los miembros individuales del cuerpo de Cristo en sus relaciones sociales con otros miembros del cuerpo. El versículo 9 mismo es una declaración del principio central de la ética social de Pablo. El amor se presenta como ese principio y las verdades que siguen desarrollan dicho concepto. El amor representa la bondad redentora de Dios manifestada hacia quienes no lo merecen (Romanos 5:8). Un creyente mediante su experiencia religiosa llega a conocer el amor de Dios, y luego ese amor viene siendo una energía que mora en él (Romanos 5:5). Como tal, es la fuente de paciencia, gentileza, y otras virtudes características como menciona Romanos 12:9-21.

La vocación o llamado del cuerpo de Cristo encierra varias cosas: (1) Es adorar a Dios y glorificarle en la tierra. En Efesios 1:4-6 Pablo escribió "según nos escogió en él antes de la fundación del mundo…para alabanza de la gloria de su gracia, con la cual nos hizo aceptos en el Amado." (2) El cuerpo de Cristo ha de evangelizar al mundo. La Gran Comisión declara este mandato (Mateo 28:19, 20). El libro entero de Hechos contempla a la iglesia lanzándose a esta actividad. (3) La iglesia tiene que esforzarse por desarrollar a cada creyente hasta que éste llegue a la plenitud de la estatura de Cristo. Este es el propósito de los dones que han sido dados a los miembros del cuerpo de Cristo. Pablo discute esto en Efesios 4:11-15. Según él, los dones fueron repartidos "a fin de perfeccionar a los santos para la obra del ministerio, para la edificación del cuerpo de Cristo, hasta que todos lleguemos a la unidad de la fe y del conocimiento del Hijo de Dios, a un varón perfecto, a la medida de la estatura de la plenitud de Cristo: para que ya no seamos niños fluctuantes, llevados por doquiera de todo viento de doctrina" (versículos 12-14).

(4) Los miembros del cuerpo de Cristo debe ser testigos constantes para Cristo. Jesús dijo, "me seréis testigos" (Hechos 1:8). Este debe ser un resultado normal de la regeneración. La vida transformada y el testimonio gozoso han de ser naturales para cada creyente. (5) El cuerpo de Cristo es llamado a compartir en la gloria futura de Cristo. La iglesia ha de ser transportada algún día a los lugares celestiales (Efesios 3:10, 21) para disfrutar Su eterna gloria. Se refiere al cuerpo de Cristo en anticipación de ese glorioso día como la novia de Cristo (Apocalipsis 21:2).

III. LA CABEZA DE LA IGLESIA
   (Colosenses 1:18-23)

Pablo hace una contribución distintiva al cristianismo en su cuadro de Cristo como cabeza de la iglesia. Él veía a Cristo y a su pueblo juntos como una unidad viviente. Nos presenta a Cristo como la cabeza de un cuerpo. Como cabeza, Él ejerce control y da dirección. Los creyentes son su cuerpo. Individualmente, ellos son sus miembros y sus órganos. Bajo su dirección, le obedecen y cumplen su trabajo. El Cristo resucitado comparte su vida resucitada con ellos, y es la fuente de la vida de ellos. Esta figura de Pablo es un medio excelente que nos transmite la relación que existe entre Cristo y la iglesia.

En el trasfondo del pasaje de la Escritura dada en este estudio (Colosenses 1:18-23), Pablo le presenta a Él que es la Cabeza de la iglesia con un doble significado (versículos 15-17). Le presenta primero como el Señor de la creación pre-existente, y luego en su relación a la creación como (1) la imagen de Dios, (2) el primogénito de toda creación, (3) el Creador de todas las cosas, y (4) el que lo sostiene todas las cosas. Este Cristo que vino a la tierra como hombre y murió y resucitó existía antes de la creación y es la clave de la creación.

Pablo presentó este trasfondo y la relación de Cristo a la creación para poner la base de presentarlo como aquel que logró la obra divina de redención. Su relación al universo creado pone la base para la presentación de él en relación a nuestra redención.

En primera a los Corintios 12:12-31 y en Romanos 12:4-21 Pablo usa el cuadro del cuerpo de Cristo para mostrar la relación mutua de los miembros de la iglesia y sus obligaciones. En Efesios y Colosenses Pablo usa la figura para mostrar la relación del cuerpo, la iglesia, con Cristo como cabeza del cuerpo. Es esta figura que nos ayuda a entender el concepto paulino de los creyentes estando "en Cristo" y Cristo en ellos (Gálatas 3:27, 28).

La iglesia como cuerpo de Cristo no es una extensión de su encarnación como es interpretada en círculos liberales. Tampoco se debe entender como "cuerpo místico" en ningún sentido. Pablo quiso más bien que la figura mostrara la iglesia como el cuerpo de Cristo por ciertos propósitos claramente definidos. Fue para sacar a luz el concepto de la relación esencial entre Cristo y la iglesia, y lo hace mejor que con las otras figuras tales como un edificio y su fundamento o la de esposo y esposa.

Entonces esta figura se emplea para mostrar la iglesia como estando vitalizada por la presencia moradora de Cristo y su vida resucitada en ella. Es activada por medio de Él, y es el instrumento por medio del cual Él lleva a cabo su obra.

Como cabeza resucitada de la iglesia, Pablo le da a Cristo ciertos títulos: "el principio, el primogénito de entre los muertos" (v. 18). Él es esto porque su resurrección marcó su triunfo sobre todo lo que mantenía al hombre en esclavitud (Hebreos 2:14, 15). Él representaba nueva esperanza para la humanidad, y es "primicia de los que durmieron" (I Corintios 15:20, 23). Su resurrección es una señal de la resurrección del pueblo del Señor. Los que comparten en la resurrección de Cristo, participan en la resurrección de Cristo.

Cristo, el que tenía la misma importancia en la creación y en la resurrección, halla el cumplimiento del propósito divino en esto. Porque es en la voluntad del Padre "que en todo él tuviera la preeminencia." En la creación vieja, Él era preminente. Debido a su vida resucitada como Cabeza de la iglesia, y la impartición de esa vida a la iglesia, Él es preminente en la nueva creación también.

Capítulo Ocho

Los versículos siguientes presentan a Cristo en dos posiciones como resultado de su posición como Cabeza de la iglesia. Primero, Él es el que reconcilia todas las cosas. Pablo dice que "agradó al Padre que en él habitase toda plenitud...y por medio de él reconciliar consigo todas las cosas" (v. 19, 20). Los griegos creían que había una serie de agencias divinas entre Dios y el hombre y que el hombre vivía bajo el control de ellos, y que por medio de ellos tenía que comunicarse con Dios. Pablo luchaba en contra de este punto de vista con su enseñanza directa que la plenitud o totalidad de la esencia divina y poder había tomado residencia en Cristo. Jesucristo era el único mediador entre Dios y la humanidad entera. Demostrado en Cristo estaban todos los atributos y actividades de Dios – su Espíritu, su Palabra, su sabiduría y su gloria.

Fue el buen placer de Dios reconciliar consigo todas las cosas por medio de Cristo, y Cristo logró esta paz al derramar su sangre en la cruz (Romanos 5:1-ss). La muerte de Cristo fue el hecho que pudo poner a los hombres en buena relación con Dios. Todas las cosas incluían aún a los hombres pecadores que no estaban dispuestos a someterse a su voluntad.

Pero el propósito central de la obra de Cristo de hacer la paz nos trae a su segunda posición – Él es el reconciliador de su pueblo con Dios. Pablo dijo, "Y a vosotros también, que erais en otro tiempo extraños y enemigos en vuestra mente, haciendo malas obras, ahora ha reconciliado en su cuerpo de carne, por medio de la muerte, para presentaros santos y sin mancha e irreprensibles delante de él (v. 21-23). El propósito central de la muerte de Cristo se ve en su impacto sobre aquellos que escuchan el mensaje de reconciliación y quienes en sumisión voluntaria aceptan con agradecimiento la paz con Dios. "Extraños y enemigos" – rebeldes en rebelión contra Dios y su autoridad, estos enemigos son traídos a la paz con Dios. Un cambio profundo se ha hecho en ellos porque los que estaban en guerra con Dios ahora están en paz con Él.

Pero lo maravilloso de todo eso es que todos aquellos que vienen a estar en paz con Dios, están unidos en un cuerpo y el que los reconcilió es hecho su Cabeza. A los miembros de ese cuerpo se les da el ministerio de reconciliar a otros por la predicación del evangelio de la salvación.

9

La mayordomía del creyente

Trasfondo

El diezmar ha sido practicado por la gente además de los judíos y cristianos. En el Museo Británico existen tabletas que son recibos para diezmos al templo del dios-sol durante el tiempo de Nabucodonosor.

El saber que los paganos creían en el diezmo y lo practicaban debe avergonzar a cualquier cristiano que rehúsa diezmar. ¿Puede decirse que gente pagana ama más a sus dioses que los cristianos al suyo? El problema principal consiste en mostrarles a los cristianos que el diezmar es bíblico. Mucha gente buena no se ha dejado convencer que es bíblico diezmar. Una vez convencidas, ellas diezmarán.

Hay necesidad de evitar el error del legalismo en cuanto al diezmar. Algunos enseñan que el diezmar es un requisito para la salvación. Pero el diezmo no es esencial para la salvación, más que cualquier obra. "Nos salvó, no por obras de justicia que nosotros hubiéramos hecho, sino por su misericordia" (Tito 3:5ª). El diezmo es un resultado, no una condición de la salvación.

BOSQUEJO

I. **Mayordomía de vida (Mateo 23:16-23)**
II. **El Antiguo Testamento enseña el diezmar (Génesis 14:17-24; 28:12-22; Deuteronomio 24:27-29; Malaquías 3:7-15)**
III. **El Nuevo Testamento enseña el diezmar (2 Corintios 9:1-12; 1 Corintios 16:1, 2)**

Capítulo Nueve

IV. El diezmo es el plan financiero de Dios para el apoyo económico de su obra (I Corintios 9:1-18)

INTRODUCCION

¿Qué es la mayordomía cristiana? Esa pregunta es una a la cual cada creyente debe esforzarse para encontrar la respuesta. Hay ciertas cosas básicas sobre la mayordomía cristiana que son ciertas en la vida de cada creyente, aunque el Espíritu Santo quizá guíe a una administración diferente en la vida de cada creyente. La mayordomía es un tema amplio, pero incluye "la práctica de dar del tiempo, habilidades y posesiones materiales, de manera sistemática y proporcional, basado en la convicción que éstos son una responsabilidad de Dios para ser usados en su servicio para el beneficio de la humanidad."

La mayordomía cristiana es el reconocimiento de y el cumplimiento del privilegio y responsabilidades personales para la totalidad de la vida acuerdo al espíritu y los ideales de Cristo. Esto incluye personalidad, tiempo, talento, influencia, sustancia material – todo. Así es que la mayordomía es la dedicación a Dios de toda nuestra vida. Ambiciones, lealtades y vocación, todo está incluido. El creyente debe dedicar toda vida hogareña, matrimonio, hijos, trabajo y recreo. Tiene que dedicar sus ingresos y gastos, presupuesto familiar, inversiones y una porción definitiva para la iglesia en su ministerio mundial. El creyente también necesita dedicar todas las experiencias de la vida: honores, premios, fracasos, triunfos, y dolores de corazón. La mayordomía es la dedicación de todo nuestro corazón, mente, voluntad y fuerza a Dios, reconociendo que ni cosas presentes ni por venir podrán separarnos de su amor. Dar a Dios no debe ser solo de vez en cuando, sino regular, sistemática y sacrificial. De otra manera, es una burla a Dios.

I. Mayordomía de la vida (Mateo 23:16-23)

La mayordomía de la vida fue expresada por Jesús mientras hablaba con los escribas meticulosos y los fariseos. Ellos fueron muy cuidadosos en hallar exactamente lo que Dios requería de ellos, y fueron demasiado sensibles en cumplir con los más mínimos requisitos. A ellos, Jesús dijo, "¡Ay de vosotros, escribas y fariseos, hipócritas! Porque diezmáis la menta y el eneldo y el comino, y dejáis lo más importante de la ley: la justicia, la misericordia y la fe. Esto era necesario hacer, sin dejar de hacer aquello" (Mateo 23:23). Ciertamente, Jesús afirmó su apoyo al diezmar aquí, pero más aún, animó la mayordomía en todas las áreas de la vida.

El comentario de Jesús a esos líderes religiosos hipócritas debe animar a cada creyente a hacer lo siguiente:

1. Debe asumir la responsabilidad de analizar cuidadosamente su herencia cristiana. ¿Qué es lo que posee? De nuestro tiempo, talentos y posesiones debemos reconocer su origen al hacernos responsables por su uso.

2. Debe procurar descubrir el secreto del uso más efectivo de cada don que le es dado por el Creador bondadoso. Antes de que se acorten sus días y sus dones se pierdan por mal uso o falta de uso, debe usarlos para lograr lo bueno.

3. El creyente debe desarrollar una habilidad de procurar lo bueno de cada potencial que tiene. Es fácil dejar los momentos pasar, o usar las posesiones egoístamente, o dejar que los talentos se desintegren por falta de uso.

Un sentido verdadero de vocación y de mayordomía van tomados de la mano. La palabra *vocación* viene de un vocablo latino que nos da la palabra en inglés de vocación o llamado. El trabajo del hombre debe ser en respuesta a un llamado de Dios, sea laico o clérigo. Se cumple mejor el llamado y se da mejor la respuesta cuando el llamado es una expresión de los talentos naturales de la persona. El llamado de Dios siempre va de acuerdo al potencial que uno tiene en Él. Puede que haya desigualdad de dotaciones humanas, pero Dios nos da la responsabilidad igual al potencial dado. Es preciso notar los siguientes hechos en cuanto a la mayordomía de la vida:

1. Cada persona es dotada con un talento por lo menos. Ninguna persona está sin algo. A veces el uso del único talento bendecirá más al mundo que los cinco talentos de una persona mayormente dotada.

2. Las Escrituras nos enseñan que los talentos no usados pronto se pierden. Como un músculo no utilizado pierde su poder y una semilla no sembrada su vitalidad, una habilidad no usada desaparecerá.

3. La iglesia tiene uso para una diversidad de talentos. Muchas tareas importantes no se hacen debido a la falta de dedicación de talentos. Todos los talentos son necesarios para cumplir con todas las funciones del cuerpo de Cristo.

4. El amor de Cristo constriñe al creyente a llegar a ser buen mayordomo de Dios. Él nos ha dado tanto, y no estamos legalmente requeridos a hacer

Capítulo Nueve

algo a cambio. Pero nuestro amor por Él debe obligarnos a dedicar nuestro todo a Cristo.

El ideal bíblico de la mayordomía incluye cinco cosas que vamos a discutir en los siguientes párrafos.

1. Por derecho de creación y redención Dios es el único dueño de todas las cosas que poseemos. Abraham reconoció a Dios como "creador de los cielos y la tierra" (Génesis 14:22). El reclamo de Dios sobre Israel se basaba en esta declaración de parte de Moisés "He aquí, de Jehová tu Dios son los cielos, y los cielos de los cielos, la tierra, y todas las cosas que hay en ella" (Deuteronomio 10:14). Pablo enseñaba a los creyentes que por medio de la redención ellos le pertenecían a Dios. Dijo, "¿...que no sois vuestros? Porque habéis sido comprados por precio..." (I Corintios 6:19-20)

2. Las Escrituras también enseñan que cada creyente es mayordomo y que un día dará cuenta de su mayordomía. Pablo infirió esto cuando le exhortó a Timoteo que encargara a los efesios talentosos que "hagan bien, que sean ricos en buenas obras, dadivosos, generosos, atesorando para sí buen fundamento para lo por venir, que echen mano de la vida eterna" (I Timoteo 6:18, 19).

3. Dios, el Dueño de todo, ampliamente provee para sus mayordomos. Sus mayordomos, teniendo sustento y abrigo, han de estar contentos, y han de usar todo lo demás que Él tiene para extender el reino de Dios (2 Corintios 9:7-10).

4. Dios requiere que el mayordomo constantemente reconozca que Dios es dueño de todo al poner aparte cierta porción como ofrenda en adoración (Deuteronomio 16:16, 17; I Corintios 16:1, 2). El creyente que viene vacío ante Dios en adoración no reconoce la generosidad de Dios (Santiago 1:17). Aquellos que no reconocen habitualmente su mayordomía con una porción significativa en adoración están sujetos a la avaricia, la cual es muy peligrosa.

5. El mayordomo fiel traerá una ofrenda, la cual no está marcada por demostración o apariencia (Mateo 6:3, 4). Sin embargo, será liberal (Lucas 6:38; 2 Corintios 9:7), sacrificial (2 Samuel 24:24), sistemática y proporcionada (I Corintios 16:2; Deuteronomio 16:17).

El concepto cristiano de propiedad es que la posesión de propiedad, sea pequeña o grande, es una responsabilidad sagrada. Esto está de acuerdo con el concepto total de la mayordomía cristiana. Esto está en conflicto con dos ideas mundanas prominentes: (1) el concepto de "individualismo escabroso" que mantiene que cada hombre debe obtener todo lo que pueda, usarlo como quiera mientras guarda las leyes de la sociedad; y el socialismo y el comunismo que enseñan que el estado debe ser dueño de todo y controlar toda propiedad para el bien común, y manejar producción y distribución aún en contra de limitaciones morales. Estos puntos de vista llevan hacia la avaricia, pero el punto de vista cristiano lo trae todo bajo sumisión a Dios. Él es el dueño de todo cuanto poseemos y sólo Él puede dirigir el uso de lo nuestro.

Jesús nos relata una historia de mayordomía en Mateo 25:14-30. Nos cuenta de tres hombres a los cuales se les encomendó algo. Dos de los hombres tomaron lo que su señor les dio y asumieron la obligación que le debían. Aunque el dueño no les debía nada, les premió generosamente por su buena mayordomía. El tercer siervo no estaba tan consciente de su obligación. No hizo ningún esfuerzo para mejorar lo que se le había encomendado en confianza. Como resultado quedó avergonzado ante su señor, y el señor lo castigó por su falta de esfuerzo. Aún el talento que tenía le fue quitado. Nosotros debemos aprender las obligaciones que Dios nos ha puesto, y asumir todas nuestras responsabilidades para usar lo que Él nos ha encomendado.

II. EL ANTIGUO TESTAMENTO ENSEÑA EL DIEZMO (Génesis 14:17-24; Deuteronomio 14:27-29; Malaquías 3:7-15)

Toda la vida es una mayordomía. El tiempo, el talento y las oportunidades todos son elementos principales en esta vida. Pero uno de los términos en el cual la vida se expresa es el dinero. El dinero es una medida de valor y también un medio de cambio. Aunque la mayordomía incluye cada posibilidad de la vida, todo lo que produce, tanto en potencial como en realidad, el dinero en cierto sentido se puede usar como medida de la mayordomía del hombre. Los poderes de cuerpo, mente y alma son gastados por el hombre para poder ganar dinero. El dinero viene a ser posesión del hombre porque éste usa la producción de su potencial para ganarlo. Cuando el hombre trabaja para sus dólares por hora, está vendiendo su tiempo, energía y potencial para cierta cantidad. Así es que el dinero representa el poder almacenado del hombre.

El dinero nunca debe ser un fin en sí mismo en la vida, pero tan solo un medio para ganar fines nobles en la vida. Puesto que el hombre le pertenece a Dios, la ganancia del dinero por el gasto de vida, energía y potencial trae una responsabilidad al hombre. El diezmo es el principio antiguo de dar cuenta de la ganancia de uno a Dios. El diezmar no se debe reconocer como solo un

Capítulo Nueve

mecanismo legal para el sostén de un sistema religioso. El diezmar es un acto de adoración de parte del creyente por el cual él reconoce que Dios es dueño y que tiene derecho sobre su vida.

El Antiguo Testamento enseña el diezmo muy explícitamente. La primera mención del diezmo se halla en el encuentro entre Abraham y Melquisedec (Génesis 14:17-24). Abraham era nómada y aparentemente no había establecido ningún lugar permanente de adoración. Como jefe de su tribu, actuaba en lugar de un sacerdote al ofrecer sacrificios para su familia. Parece que este fue el caso en Betel cuando entró a la tierra (Génesis 12:7, 8; 13:4) y en Hebrón (13:18). Cuando conoció a Melquisedec quien sin duda tenía la misma fe en el Dios verdadero, parece que se sentía obligado a pagar diezmos a este hombre. Melquisedec es presentado como "sacerdote del Dios Altísimo" (14:18). Aparentemente, este rey-sacerdote de Salem mantenía un santuario en el cual se daba adoración al Dios verdadero. Aquí había un remanente de adoradores quienes adoraban como Abraham. Él quería adorar a Dios y darle una prueba de su mayordomía de vida, y así lo hizo, dándole un diezmo.

Aunque no hay evidencia para corroborar cuando el diezmo comenzó, según parece era una costumbre bien aceptada en ese tiempo. Esto fue un acto espontáneo de parte de Abraham, y no uno en el cual él necesitaba instrucción. He aquí una práctica que antecede a la ley por varios siglos. El diezmar, debido a su antigüedad en la Biblia y también por su apariencia en otras religiones es reconocido como el sistema religioso más viejo de ofrendar que está registrado en la historia.

En Génesis 28:20-22 se registra la primera promesa de diezmar como una parte distinta de un pacto religioso con Dios. Jacob huía de la ira de su hermano Esaú. Había comprado la primogenitura familiar y había robado la bendición de su padre, la cual le pertenecía a su hermano. Huyendo por su vida, fue a la familia de su madre en Harán, pero se detuvo en Bet-el para pasar la noche. Fue allí donde tuvo el sueño de la escalera que iba de la tierra al cielo, con ángeles ascendiendo y descendiendo. Tan impresionado fue por ese gran sueño, que le hizo un voto a Dios. Esta experiencia de Jacob no fue aislada de todos los eventos previos de su vida. Había estado con Abraham e Isaac (Génesis 26:25) en adoración. Sus hechos aquí fueron un reflejo de lo que había aprendido de ellos. Uno de los asuntos claves de aquella experiencia es la promesa de Jacob "de todo lo que me dieres, el diezmo apartaré para ti" (28:22). El cumplimiento de la promesa se halla en Génesis 35:7 donde dice que "y edificó allí un altar." Puede ser que Jacob erigiera algún tipo de lugar permanente de adoración allí, y que utilizó su diezmo para mantenerlo. Bet-el era un lugar reverenciado entre los hebreos aun en los días de Samuel (I Samuel 7:16; 10:3).

La ley de Moisés insistía en el diezmo. Los israelitas tenían que dar de las primicias de sus hijos (Éxodo 22:29, 30) y de su tierra (23:19). Pero más aún, debían traer la décima parte de sus ganancias al templo. El mandamiento rezaba, "Y al lugar que Jehová vuestro Dios escogiere para poner en él su nombre, allí llevaréis todas las cosas que yo os mando: vuestros holocaustos, vuestros sacrificios, vuestros diezmos, las ofrendas elevadas de vuestras manos, y todo lo escogido de los votos que hubiereis prometido a Jehová" (Deuteronomio 12:11). Además, decía "Indefectiblemente diezmarás todo el producto del grano que rindiere tu campo cada año" (Deuteronomio 14:22). Parece que daban un segundo diezmo cada tres años porque la ley también decía, "Al fin de cada tres años sacarás todo el diezmo de tus productos de aquel año, y lo guardarás en tus ciudades" (14:28). Este diezmo posterior parece haber sido para propósitos benevolentes. Aunque los levitas también participaran de él, no era la mayor parte de su sostén.

Los levitas eran sostenidos por el diezmo regular. El Señor le dijo a Aarón, "Y he aquí yo he dado a los hijos de Leví todos los diezmos en Israel por heredad, por su ministerio, por cuanto ellos sirven en el ministerio del tabernáculo de reunión" (Números 18:21). Así es que el diezmo dado en adoración por los hijos de Israel era el medio por el cual la religión del Único Dios Verdadero era apoyada. Esto era cierto tanto del tabernáculo como del templo. Los ministerios de ambos requerían el servicio de un gran número de sacerdotes y ayudantes, porteros, cantantes y de los que cuidaban los recipientes sagrados. Estos hombres no podían mantener su trabajo secular mientras servían en el templo, y entonces el diezmo básico se utilizaba para su sostén.

El profeta Amós menciona el diezmo (4:4) y Nehemías exhortó al pueblo a que diezmara (10:38; 13:12). El último de los profetas, Malaquías, se escucha regañando a Israel por no diezmar. A Israel le dijo, "¿Robará el hombre a Dios? Pues vosotros me habéis robado. Y dijisteis: ¿En qué te hemos robado? En vuestros diezmos y ofrendas" (3:8, 9). El profeta vio la falta de diezmar como gran pecado. Era lo mismo que robar a Dios. El retener el diezmo era retener de Dios lo que era Suyo. No era el dinero lo que Dios necesitaba, aunque sus ministerios no se llevan a cabo como debe ser cuando el pueblo de Dios no diezma. La cosa principal era que el pueblo de Dios dejaba de adorarle como debían. La falta de adoración al no traer el diezmo hacía que el pueblo no reconocía que Él era dueño de ellos y de todo cuánto tenían.

El resultado para ellos al dejar de diezmar era que estaban "malditos...con maldición (v. 9). Pero Malaquías daba el remedio a la situación en el mismo mensaje. Añadió, "Traed todos los diezmos al alfolí y haya alimento en mi casa, y probadme ahora en esto, dice Jehová de los ejércitos, si no os abriré las ventanas de los cielos, y derramaré sobre vosotros bendición hasta que sobreabunde" (Malaquías 3:10). El diezmar debe ser importante si al hacerlo uno recibe una bendición tan grande. El profeta continuaba al definir parte de esta bendición, "Reprenderé también por vosotros al devorador, y no os destruirá el fruto de la tierra, ni vuestra vid en el campo será estéril, dice Jehová de los ejércitos. Y todas las naciones os dirán bienaventurados, porque seréis tierra deseable, dice Jehová de los ejércitos" (Malaquías 3:11-12).

Así es que el diezmo en el Antiguo Testamento era clave para la vida religiosa del pueblo. Cuando no diezmaban mostraban (1) un desinterés en la obra del Señor y (2) fallaban en reconocer la prioridad de Dios en sus vidas. Dos cosas horribles resultaron (1) Su vida espiritual se depreció y las cosas espirituales llegaron a tener menos importancia. (2) La adoración y el servicio del Señor fueron descuidados y cayó en desgracia. El resultado total fue un colapso de la estructura moral de la nación.

Las bendiciones siempre crecen donde hay una relación correcta con Dios. Esto da confianza al hombre y un propósito en la vida. La bendición que sobreabunda, sin embargo, es aquel elemento extra cuando la presencia de Dios está con el hombre. Israel siempre hallaba prosperidad y seguridad cuando andaban en los caminos de Dios. Problemas y finalmente destrucción venían a la nación cuando se olvidaban de Dios y siguieron sus propios caminos. El fallar en diezmar era una evidencia de que rechazaban a Dios.

III. EL NUEVO TESTAMENTO ENSEÑA SOBRE EL DIEZMO
(2 Corintios 9:1-12; I Corintios 16:1, 2)

El motivo del regalo de una persona es muy importante. Amor por Cristo y acción de gracias por la gracia de Cristo es un motivo digno que ya ha sido dado. Un motivo falso es uno que enseña que, si le damos a Dios un dólar, Él nos dará más en cambio. Es cierto que Dios ha prometido sus bendiciones sobre el que diezma (Malaquías 3:10-12). Pero esas bendiciones no vienen en base de dólar por dólar de acuerdo a lo que nosotros hayamos dado. Nuestra motivación no debe ser de dar simplemente porque es un mandamiento o requerimiento. Mientras uno da por esas razones, la verdadera bendición de ofrendar está perdida.

Nuestras posesiones en realidad no son nuestras. Por lo tanto, no tenemos el derecho de determinar su uso. El dueño de ellas es otro y por lo tanto la decisión ha sido hecha por Él. El propósito del diezmo es que necesidades humanas y espirituales se puedan satisfacer por medio de la iglesia. Porque somos cristianos nacidos de nuevo, debemos de desear que esas necesidades se satisfagan por medio de la iglesia. Debemos darnos cuenta que el diezmo es nuestra manera de contribuir al cumplimiento de esas necesidades. Si los creyentes en una iglesia adoptan al diezmo y dan de acuerdo a los siguientes principios, ¡imagínense el potencial la iglesia tendría! Noten esos principios:

1. Hay que darse uno mismo antes de dar dinero. Este es un principio que Pablo puso delante de las iglesias en Macedonia. Les escribió poniendo a los creyentes de Filipos como ejemplo y dijo que ellos "a sí mismos se dieron primeramente al Señor" (2 Corintios 8:5). Cuando el "yo" es dado totalmente, lo demás se encargará de sí mismo. Sin embargo, el don sin el dador es vacío. Dar a Dios debe primeramente incluir el dar uno mismo.

2. Da de acuerdo a tu habilidad. Jesús elogió a la viuda por dar sus dos monedas. Esto era porque el regalo representaba más de lo que ella pudiera haber dado normalmente y sin sacrificio. Pablo dijo que un regalo "será aceptado según lo que uno tiene, no según lo que no tiene (2 Corintios 8:12). Nuestros regalos son aceptables cuando son dados de acuerdo a habilidad, sean grandes o pequeños.

3. Da de acuerdo a un sistema o patrón. Dando enérgicamente este año no basta para la negligencia el próximo año. Las responsabilidades de tu iglesia con constantes. Pablo recomendó que diéramos "cada primer día de la semana" (I Corintios 16:2). Esto puede ser unas "primicias." Debemos tomar el diezmo primero, antes de pagar otras cuentas.

4. Da con corazón gozoso. Pablo nos dice que "Dios ama al dador alegre" (2 Corintios 9:7). Pablo escribió de la manera de dar de los macedonios, la cual vino de en medio de "grande prueba de tribulación, la abundancia de su gozo y su profunda pobreza abundaron en riquezas de su generosidad" (2 Corintios 8:2). Dios no quiere que demos "con tristeza, ni por necesidad" (2 Corintios 9:7). Cuando se le impone a la persona tal presión, el gozo

Capítulo Nueve

muere. El principio de Pablo era que dieran "cada uno...como propuso en su corazón." Esto, por supuesto, era con el diezmo sirviendo con base.

5. Cada creyente debe dar generosamente. Pablo dijo, "El que siembra escasamente, también segará escasamente; y el que siembra generosamente, generosamente también segará" (2 Corintios 9:6). Sembrar tacañamente no traerá recompensas generosas. El principio "todo lo que el hombre sembrare, eso también segará" se puede aplicar aquí. Si siembras poco, cosechas poco. Segaremos lo que sembramos, y nuestro cosechar estará de acuerdo con nuestra generosidad al sembrar.

6. Da sacrificialmente. El cristianismo ha tendido en nuestros tiempos modernos a dejar el sacrificio fuera del servicio. El sacrificio, sin embargo, debe ser parte del ofrendar del creyente. Tal como los creyentes en Macedonia dieron "aún más allá de sus fuerzas," así también nosotros. Nuestro dar no debe ser "como de exigencia" (2 Corintios 9:5). Es maravilloso notar que los diezmadores raras vez son egoístas, avaros, orgullosos, codiciosos, o egocéntricos. El que diezma es quien siempre siente que no está dando suficiente, sino que debe dar más y más.

Cuando una iglesia da de acuerdo al plan de Dios, las cosas siguientes se pueden esperar:

1. La iglesia tendrá "siempre en todas las cosas todo lo suficiente" (2 Corintios 9:8). Esto permitirá que la iglesia "abunde en toda buena obra." No tendrán que dedicarse a levantar fondos, sino se podrán ocupar en actividades espirituales.

2. La iglesia será "enriquecidos en todo para toda liberalidad." Será enriquecida espiritualmente porque el ofrendar es un ejercicio espiritual. El espíritu bondadoso que resulta afectará cada área de la vida de la iglesia.

3. "Lo que a los santos falta" (v.12) será suplido. La obra benevolente de la iglesia será realizada porque los medios están a mano. La mayoría de las iglesias han tenido que dejar la obra benevolente al gobierno por falta de dinero. Esto no debe ser así.

4. Dios es glorificado por la sujeción de la iglesia a Su voluntad en cuanto al asunto de ofrendar. Más testimonio, mayor benevolencia, y actividades afines naturalmente darán más gloria a Dios.

5. Pagando los diezmos es un medio de testificar que Jesús vive (Hebreos 7:8). Los diezmos se pagan a los hombres que están vivos y dignos de recibirlo.

6. El diezmar es un medio sensible y razonable de apoyar la iglesia. Los creyentes deben estudiar la doctrina y aceptar el reto de dar por este medio.

Aunque Pablo no menciona específicamente el diezmo en I Corintios 16:1, 2, parece evidente que él hablaba del diezmo. Como el diezmo, las ofrendas se habían de dar sistemáticamente, "el primer día de la semana." Todo creyente debe tener un tiempo fijo en el cual dan de sus ingresos al servicio del Señor. El día de adoración es el tiempo ideal cada semana de poner aparte aquello que testifica a Dios como dueño de nuestra vida.

La ofrenda que Pablo describió era proporcionada para cada persona "según haya prosperado." El diezmar es dar proporcionadamente. Cuando cada persona da diez por ciento de lo que Dios le ha prosperado, el don de esa persona es tan grande como el don de cualquier otro. Dando así en proporción es una manera equitativa de dar, la cual Dios ha ordenado.

Cuando el dar a Dios es sistemático y proporcionado y de acuerdo al plan de Dios, alivia a la iglesia de muchos problemas. Cuando la gente no diezma, los oficiales de la iglesia frecuentemente recurren a levantar fondos, lo cual no trae gloria a Dios. La venta de pasteles y cenas con chile son buenos para comunión y algunos otros propósitos, pero le quitan la gloria al Señor cuando se usan para reemplazar el plan financiero de Dios para apoyar su obra. Pablo no quería que hubiera ofrendas recogidas cuando él llegara. Cuando medios frenéticos se usan para levantar finanzas para la extensión del reino de Dios, hace que Dios parezca pobre. Hace que su pueblo parezca como si no estuvieran viviendo de la mano generosa de Dios. Hay mucha razón para creer que las mismas bendiciones prometidas a Israel por Malaquías también vendrán sobre la iglesia que sigue el plan de Dios.

Un argumento final del Nuevo Testamento a favor del diezmo se halla en contraste al sistema de dar en el Antiguo Testamento. Si Dios requería diez por ciento bajo la ley, ¿podrá alguien suponer que el amor que fue a la cruz demandaría de los creyentes menos que la gente que traía sus diezmos a los altares ancianos de Israel? El Nuevo Testamento enseña que la salvación es gratis; pero cuando uno es salvo, su corazón se debe desbordar tanto con gozo y gratitud que él quiere ver el Reino de Dios expandirse. Así es que la gracia del Nuevo Testamento debe ser la enseñanza obligada que guía a todo creyente, a dar, no solamente el diezmo como requería la ley, sino todo lo que pueda.

Capítulo Nueve

IV. EL DIEZMAR ES EL PLAN FINANCIERO DE DIOS PARA EL SOSTEN DE SU OBRA
(I Corintios 9:1-18)

En el Nuevo Testamento existe una situación diferente de la del Antiguo Testamento. En el Antiguo Testamento, la ley da el mandamiento específico "Indefectiblemente diezmarás" (Deuteronomio 14:22). Muchos de los que estudian la Biblia rehúsan enseñar el diezmar porque no está tan específicamente enseñado en el Nuevo Testamento. Pero si notamos, los mandatos de la ley no se expresan como mandamientos directos en el Nuevo Testamento. No hay en ninguna parte un decálogo de mandamientos como el que es dado en el Antiguo Testamento, ni un sistema levítico de mandatos como se halla allí. Pero noten los argumentos siguientes para el diezmo en el Nuevo Testamento.

El diezmo en ninguna parte del Nuevo Testamento es retado, desaprobado o eliminado. Jesús mismo dijo, "No penséis que he venido para abrogar la ley o los profetas; no he venido para abrogar, sino para cumplir" (Mateo 5:17). Por supuesto, la ley ceremonial se cumplió en su muerte, y ya no es más necesaria; por lo tanto, ya pasó. Pero el principio del diezmo era diferente. Estando en efecto desde antes de la ley, era un principio que siempre estará en efecto en el tiempo. Por eso, fue hecho parte de la ley.

Jesús puso su aprobación en el diezmo. Aunque condenó a los escribas y fariseos por dar una atención extremadamente diminuta al diezmo mientras omitían "lo más importante de la ley" (Mateo 23:23), continuó apoyando el diezmo con las palabras "Esto era necesario hacer (el diezmar de las hierbas que crecían en el huerto), sin dejar de hacer aquello." No hay otra manera de interpretar esto que decir que Él daba su apoyo al diezmo como manera de apoyar el servicio y la adoración de Dios.

Los principios que apoyan el diezmo como medio de financiar la obra del Señor son evidentes a través del Nuevo Testamento. El mismo concepto de Dios como dueño y la mayordomía humana se proclaman constantemente. En la parábola de los talentos (Mateo 25:14-30) se enseña la mayordomía. Es también cierto en la parábola de las minas (Lucas 19:13-15). ¿Acaso no enseñó Pablo la posesión divina cuando escribió "pues no sois vuestros, porque habéis sido comprados por precio" (I Corintios 6:19, 20)?

En I Corintios 9:7-18 Pablo da varios argumentos a favor de apoyar el ministerio. Saca un argumento de una analogía natural "¿Quién fue jamás soldado a sus propias expensas? ¿Quién planta viña y no come de su fruto?" También da un argumento bíblico "¿No dice esto también la ley? Porque en la ley de Moisés está escrito: No pondrás bozal al buey que trilla." Luego, volvió a un argumento inherente a la justicia al decir "porque con esperanza debe arar el que ara, y el que trilla, con esperanza de recibir del fruto."

Pablo también apeló a la práctica común para un argumento. Él dijo "Si nosotros sembramos entre vosotros lo espiritual, ¿es gran cosa si segáremos de vosotros lo material? Si otros participan de este derecho sobre vosotros, ¿cuánto más nosotros? Doctores, maestros y oficiales del gobierno reciben pago por su servicio, ¿por qué no el ministro?

De estos ejemplos él entonces fue a dos argumentos finales: (1) Era la costumbre del Antiguo Testamento apoyar a los que ministraban en las cosas espirituales. En el versículo 13 dijo, "¿No sabéis que los que trabajan en las cosas sagradas, comen del templo, y que los que sirven al altar, del altar participan?" (2) El Señor Jesucristo mandó que el ministerio fuera apoyado. En el versículo 14 Pablo dijo, "Así tanto ordenó el Señor a los que anuncian el evangelio, que vivan del evangelio."

De acuerdo a estos argumentos para el fiel apoyo del ministerio, notemos las siguientes cosas: (1) El Nuevo Testamento en ninguna parte elimina el diezmo como medio de apoyar la adoración y el servicio de Dios. (2) En ninguna parte el Nuevo Testamento hace provisión para un plan alternado de apoyo para la iglesia. (3) El Nuevo Testamento parece asumir que el diezmar es el medio aceptado de sostener el ministerio del evangelio.

Pablo no esperaba este privilegio para sí mismo y no lo usaba (versículo 15). Podemos estar seguros que cada predicador es como Pablo y se siente obligado a predicar el evangelio si recibe apoyo financiero o no (v. 16), pero todavía es un principio neo testamentario.

10

El llamado y la responsabilidad del ministerio

TRASFONDO

El cristianismo llegó al mundo por un predicador. Juan el Bautista vino predicando, "Preparad el camino del Señor." La misión de él fue una misión divina, y él reconoció su vocación.

Tal predicación, sin embargo, no era algo nuevo. El pueblo judío había sido visitado por otros grandes predicadores: Elías, Isaías y Jeremías, sólo son unos pocos ejemplos.

La manera de Dios, cuando deseaba llevar su mensaje a los hombres, fue la de usar hombres como sus mensajeros. Antes del comienzo del cristianismo, Dios llamó a hombres a proclamar su mensaje.

Cuando Jesús empezó su ministerio, lo hizo predicando que los hombres debían arrepentirse. Mientras reunió a otros a sí mismo, les instruía, y les enviaba a predicar.

El relato en Hechos es un registro del Espíritu Santo dando poder a todos los cristianos para ser testigos y llamando hombres a la obra especial de predicar el evangelio.

A la luz de estos hechos enumerados, ¿cómo podrá alguien burlarse de la idea de que Dios todavía llama a hombres al ministerio? Los hay, sin embargo, que niegan que exista algo como un llamado divino.

Capítulo Diez

Los bautistas libres creen en un llamado divino al ministerio. Si alguien tiene dudas respecto a su llamado, no tiene por qué buscar la ordenación como ministro.

A pesar de esta creencia en un llamado divino, hay escasez de ministros en la denominación bautista libre. Debe haber más énfasis en el tema del llamado de Dios al servicio especial. Si Dios todavía llama, y eso es cierto, alguien está rehusando obedecer. Cuánto mejor decir con Pablo, "No fui rebelde a la visión celestial."

Numerosos tomos se han escrito, y se podrían escribir varios más, sobre la historia de la predicación cristiana. Ha habido muchos grandes hombres de Dios desde los días de los apóstoles que usaban la Espada del Espíritu con poder y demostración del Espíritu Santo.

Todavía existen hoy hombres buenos y grandes quienes hacen lo mismo. Quizá sean una minoría, pero los hay, y habrá hombres así hasta el fin del mundo.

La oración de todo cristiano debe ser que Dios levante más individuos quienes proclamen la verdad sin temor o favor, sin compromiso ni concesión. ¡Que Dios nos de tales hombres!

BOSQUEJO

I. **El llamado del ministro (Mateo 4:18-22)**
II. **Las cualificaciones del ministro (I Timoteo 3:1-7; Tito 1)**
III. **Los deberes del ministro (2 Timoteo 4:1-5)**

INTRODUCCION

¿Habla Dios al corazón de individuos y les llama a ministerios específicos? Se hace la pregunta porque hay muchos en el cristianismo hoy que niegan esto. Antes de contestar, uno debe reconocer algo importante. Cada creyente tiene el privilegio y la responsabilidad de extender el mensaje del evangelio dondequiera que vaya. Nunca fue la intención de Dios que la propagación del mensaje salvífico de Cristo fuera dejada a los pocos, sino que era el deber de todo creyente durante su vida. Hombres, mujeres y niños tienen la obligación de ser testigos por la gracia capacitadora del Espíritu Santo de lo que Cristo ha hecho en su vida.

El servicio de éstos no necesariamente tiene que asumir la forma de predicación o yendo al campo misionero, o algún otro ministerio específico. Su testimonio ha de ser casual, mientras llevan a cabo sus actividades diarias en la vida.

¿Pero qué de un llamado específico a predicar? ¿Existe tal cosa? Los liberales nos dirían que uno escoge el ministerio como a cualquier otra ocupación. Basan esa idea en el concepto que Dios no habla para dar llamados específicos al ministerio. Este capítulo está diseñado para presentar las creencias bautistas libres sobre el llamado al ministerio, las cualificaciones en el hombre que nos permiten reconocer que ha sido llamado, y las responsabilidades de la persona que ha sido llamada. Veamos a las Escrituras para buscar respuestas a esta pregunta.

I. EL LLAMADO DEL MINISTRO
   (Mateo 4:18-22)

El Antiguo Testamento está lleno de historias de hombres que reclamaban tener una comisión del Señor para hablar de parte de Él. Isaías nos dice que un serafín tocó sus labios con un carbón encendido del altar en el templo, y que la voz del Señor dijo, "¿A quién enviaré, y quién irá por nosotros? Entonces respondí yo: Heme aquí, envíame a mí" (Isaías 6:8). Tras responder a Dios, se le mandó que fuera a predicar al pueblo.

En el primer capítulo de su libro, Jeremías nos relata de una experiencia especial con el Señor. En aquella experiencia, Jeremías nos da los detalles de su llamado. Nos informa, "Vino, pues, palabra de Jehová a mí, diciendo: Antes que te formase en el vientre te conocí, y antes que nacieses te santifiqué, te di por profeta a las naciones. Y yo dije: ¡Ah! ¡ah, Señor Jehová! He aquí, no sé hablar, porque soy niño. Y me dijo Jehová: No digas: Soy un niño; porque a todo lo que te envíe irás tú, y dirás todo lo que te mande. No temas delante de ellos, porque contigo estoy para librarte, dice Jehová. Y extendió Jehová su mano y tocó mi boca, y me dijo Jehová: He aquí he puesto mis palabras en tu boca. Mira que te he puesto en este día sobre naciones y sobre reinos, para arrancar y para destruir, para arruinar y para derribar, para edificar y para plantar" (Jeremías 1:4-10).

El llamado de Ezequiel es muy similar al de Jeremías e Isaías. A Ezequiel el Señor dijo, "Hijo de hombre, yo te envío a los hijos de Israel, a gentes rebeldes que se rebelaron contra mí; ellos y sus padres se han rebelado con-

Capítulo Diez

tra mí hasta este mismo día" (Ezequiel 2:3). Luego, el Señor le dijo, "Hijo de hombre, ve y entra a la casa de Israel, y habla a ellos con mis palabras" (Ezequiel 3:4).

Fue Pablo quien describió tan acertadamente el llamado al ministerio en el Nuevo Testamento. En Romanos 10:14, 15 escribió, "¿Cómo, pues, invocarán a aquel en el cual no han creído? ¿Y cómo creerán en aquel de quien no han oído? ¿Y cómo oirán sin haber quién les predique? ¿Y cómo predicarán si no fueren enviados?"

El llamado que Jesús emitió a ciertos hombres para ser sus discípulos es típico de su llamado a los hombres. Cuatro de los primeros hombres que Jesús llamó eran Pedro, Andrés, Jacobo y Juan. Estos probablemente habían conocido a Jesús y tenían familiaridad con Él en Judea por el ministerio de Juan el Bautista (Juan 1:35), pero fue más tarde mientras Jesús predicaba en el área del Mar de Galilea que llamó a estos hombres a ser sus discípulos.

Jesús llamó a estos cuatro pescadores de una manera singular. "Venid en pos de mí, y os haré pescadores de hombres," fue el meollo de sus palabras a ellos. El relato de Mateo omite el conocimiento previo que ellos tenían de él, pero ya lo habían conocido y recibido como el Mesías. Sólo se puede suponer cuán bien le conocían, pero le conocían suficiente para aceptarle como el Mesías prometido, porque "ellos, entonces, dejando al instante las redes, le siguieron" (Mateo 4:20). Prácticamente se dice lo mismo de Jacobo y Juan. Del llamado de ellos se dice que "los llamó" (v. 21). En cuanto a su respuesta, se nos informa que "Y ellos, dejando al instante la barca y a su padre, le siguieron" (versículo 22).

Hay mucho más de esos llamados que lo que generalmente se puede concluir de una lectura casual. Estos hombres fueron llamados a ser discípulos o aprendices. Seguir a Jesús era aceptarlo por quien Él reclamaba ser y luego de aprender de Él, salir representándole. Aceptar la invitación de Jesús de "seguirle" involucraba una decisión grande para estos hombres. Eran hombres trabajadores. Su llamado era que dejaran su vocación de pescadores, y dedicarse al servicio de Él. Habían de ser "pescadores de hombres." Tenían que abandonar su trabajo para ser sus discípulos. Luego, uno de ellos dijo, "nosotros lo hemos dejado, y te hemos seguido."

Estos discípulos (aprendices) luego serían apóstoles (unos enviados afuera). No sólo habían de aceptar el mensaje de Cristo y aprender de él, iban a apoyarlo y salir, ayudando en la proclamación del mensaje y las enseñanzas. Así que, responder al llamado era algo complicado. Ese también era el caso con hombres como Felipe (Juan 1:43) y Mateo (Mateo 9:9).

Otros nombres dados al ministro en el Nuevo Testamento implican un llamado previo a este oficio. Pablo escribió en una ocasión, "Somos embajadores de Cristo" (2 Corintios 5:20). La misma esencia de la posición de embajador se halla en el hecho que le ha sido dado un nombramiento de parte de la persona que representa. Entonces el ministro como embajador es llamado y comisionado para su oficio. Esto es respaldado por la declaración de Pablo que Dios "nos encargó a nosotros la palabra de la reconciliación" (2 Corintios 5:19).

En otra carta más temprana Pablo había usado otros términos para el mismo oficio. Dijo, "Así, pues, téngannos los hombres por servidores de Cristo, y administradores de los misterios de Dios" (I Corintios 4:1). Un ministro es uno que atiende, o un siervo. Un mayordomo tiene oficio de aquel que es su jefe, o dueño. Uno no elige ser mayordomo, pero se convierte en uno cuando el dueño decide encomendarle bienes, o una responsabilidad. Así es que el que es llamado al ministerio es un "administrador de Dios" (Tito 1:7).

A Timoteo se le exhortó que "(cumpliera) su ministerio" (2 Timoteo 4:5). Si no tuviera un llamado o mayordomía para mostrar, esta declaración no tendría ningún significado.

Los "dones" de Dios mencionados en Efesios 4:11 representan a ciertos hombres separados para llamamientos particulares. Algunos hombres fueron llamados y capacitados para ser apóstoles, profetas, evangelistas, pastores y maestros. De Pablo dijo Dios, "porque instrumento escogido me es éste, para llevar mi nombre en presencia de los gentiles" (Hechos 9:15).

Puesto que Jesús ya no está en la tierra para pasar por el lugar de empleo de una persona y luego llamarle de aquella vocación a Su ministerio, se podría hacer la siguiente pregunta, "¿Cómo llama Dios a los hombres al ministerio?" Charles Spurgeon alistó tres cosas que eran evidencia de un llamado: (1) un deseo intenso, que absorbe totalmente para la obra. Esto él describió como un ansia abrumadora, y una sed intensa por decirles a otros lo que Dios ha hecho a nuestras almas." (2) Una aptitud para enseñar y otras cualidades que le permiten a uno llevar a cabo la obra del ministerio. (3) Una medida de respuesta en sus esfuerzos de testificar de Cristo.

Probablemente más hombres son llamados a través de una experiencia creciente más que en cualquier otra manera. Crece una convicción permanente que uno no puede quitar de su vida, que debe darse al ministerio de Cristo.

Capítulo Diez

Sin embargo, hay hombres que reciben el llamado por una experiencia espiritual repentina y abrumadora. El llamado de Pablo fue así. Sin embargo, uno debe evitar buscar una experiencia igual a la de otro ministro. No todos son llamados iguales. Uno que tiene una serie de experiencias impresionables es tan llamado como el hombre de quien oí que "luchaba con dos acres de maíz." De una cosa podemos estar seguros, la persona se dará cuenta de su llamado. El problema surge cuando algunos se equivocan de su llamado. Cada hombre debe estar convencido que es llamado al ministerio del evangelio antes de tomarlo.

II. LAS CUALIFICACIONES DEL MINISTRO
   (I Timoteo 3:1-7; Tito 1)

Para las cualificaciones de un ministro el *Tratado de los Bautistas Libres* tiene lo siguiente que decir, "Estos deben poseer buenas cualidades, naturales y adquiridas, profunda y ardiente piedad, ser especialmente llamados de Dios para la obra, y ordenados por la oración y la imposición de las manos." Esta es una declaración general, y cubre muchas cosas. Noten los cuatro aspectos mencionados:

1. *Cualidades naturales y adquiridas.* Las habilidades naturales son los que el hombre posee desde su nacimiento. Sería bueno que cada uno entrando al ministerio tuviera una capacidad para pensar con claridad con sentimientos fuertes. Debe poseer una imaginación vigorosa que pueda usar para aplicar el evangelio a cada vida que entra. El ministro necesita ser capacitado para expresar su mensaje con poder.

Puesto que no todos los hombres están igualmente dotados con estas habilidades naturales, algunos tienen que esforzarse más para adquirir ciertas habilidades para compensar lo que falta. Destrezas, tales como escoger, recoger y arreglar materiales, además de un buen reparto (en la predicación), son habilidades que se pueden adquirir por medio del trabajo arduo. También un ministro debe desarrollar su conocimiento de verdad religiosa y la naturaleza humana. Es por eso que Pablo exhortó al ministro "procura con diligencia presentarte a Dios aprobado, como obrero que no tiene de qué avergonzarse, que usa bien la palabra de verdad (2 Timoteo 2:15).

2. *Una piedad profunda y ardiente.* El ministro ha de ser una persona profundamente religiosa. La piedad es una cualidad del alma. Es devoción al Salvador a quien sirve. Es fidelidad a la obligación que uno tiene en Cristo.

Ningún hombre puede tener éxito en el ministerio si su servicio para Cristo no es la razón principal de su vida.

3. *Un llamado de Dios*. Nadie debe entrar al ministerio como ocupación o profesión. No es meramente una vocación. Es más bien una vida dedicada a un llamado especial. Cuando el hombre se para para predicar, debe hacerlo con el conocimiento que representa el Señor Jesucristo y que tiene un mensaje de Él. El llamado es más que el llamado a todo cristiano a que testifique. Es la impresión distinta hecha en la vida de una persona que tiene que dedicarse a la predicación del evangelio de Cristo.

4. *Ordenación por la imposición de manos*. La ordenación por parte de los hombres no imparte ninguna gracia especial o poder al que es llamado de Dios. La ordenación es el reconocimiento del pueblo de Dios que hay evidencias de un llamado divino en la vida de ese hombre. Es la ceremonia en la iglesia por la que se da un reconocimiento público de ese llamado. Aquellos que enseñan la sucesión apostólica creen que la imposición de manos es necesaria para el que está en esa sucesión de los apóstoles (Pedro, para los católicos). Pero la imposición de manos se puede hacer por cualquier persona designada por la iglesia y representa la autoridad para predicar otorgada por la iglesia.

Debemos ir a las Escrituras mismas para ver las cualificaciones específicas del ministro. Éstas han sido preservadas para nosotros en los escritos de Pablo a Timoteo y Tito. Las iglesias las han usado por siglos como pautas. Pablo empieza su discusión de esas cualificaciones al decir, "Si alguno desea obispado, buena obra desea" (I Timoteo 3:1). El deseo que él menciona es aquel deseo piadoso del cual Pablo había hablado a los corintios cuando dijo, "Procurad, pues, los dones mejores" (I Corintios 12:31). No dijo que uno recibió el llamado al ministerio porque lo deseaba. Uno mismo no hace esa decisión; sino que Dios lo hace. Sin embargo, hombres en la iglesia que son capaces de llenar este oficio, han de desearlo en serio, y aún orar por él.

Hay otros términos en la Biblia que tienen el sentido de "obispado." Uno de ellos es el término "anciano." Ese era un título de respeto dado a hombres mayores en el judaísmo, y luego fue traído al movimiento cristiano. Llegó a aplicarse a personas en posición alta y oficial, y sugiere la dignidad y compromiso del oficio.

La palabra "pastor" también se usa. Viene del vocablo que significa pastor de ovejas, y es un título tierno y cariñoso. Es mencionado en Efesios 4:11. La palabra "ministro" es otro término bíblico que se usa hoy para el obispo. Es

Capítulo Diez

una palabra que originalmente se empleaba para referirse a un esclavo bajo. Se usaba de aquel que iba con el mandado de llevar un mensaje, y es un título apropiado para el predicador. Otros términos usados del obispo son siervo, traducido ministro (I Corintios 3:5); 2 Corintios 3:6; Efesios 3:7), administrador (I Corintios 4:1; I Timoteo 3:15), hermano (Hechos 9:17), y evangelista (Efesios 4:11). También incluidos en los títulos podrían estar apóstol (Efesios 1:1: Colosenses 1:1), profeta (I Corintios 12:28), maestro (I Corintios 12:28; Efesios 4:11) y predicador (Romanos 10:14; I Timoteo 2:7). Las cualificaciones de la persona mencionada siguen en I Timoteo 3:2-7.

Irreprensible. Esta palabra viene de un adjetivo que significa "que no se puede tomar o agarrar" e implica "sin defecto." Esto no quiere decir que la persona no sea un criminal, sino que nada puede indicar algo que dañaría su reputación. Sugiere una vida cristiana consecuente y madura, sin ocasión de regaño o reprensión.

Marido de una sola mujer. Hay cinco interpretaciones de este pasaje. (1) Uno es que simplemente prohíbe poligamia y el obispo no puede ser esposo de más de una sola mujer al mismo tiempo. (2) Un punto de vista común en algunas partes del mundo es que Pablo prohibía a los obispos que se volvieran a casar después de la muerte de su esposa. (3) Que el ministro debía tener una esposa y que un soltero no podía ser obispo. Solo hombres casados eran elegibles para ordenación bajo esta interpretación. (4) Otra interpretación prohibiría que uno tomara este oficio si estuviera divorciado o alguna mancha de infidelidad marital. (5) El punto de vista de los católicos romanos es que el matrimonio estaba prohibido y la "una sola mujer" a quien el obispo estaba casado era la Iglesia.

Aunque los bautistas libres tienen diferentes opiniones, la mayoría seguirán la cuarta, que prohíbe a personas divorciadas el tener el obispado. Aunque eso es así, muchas asociaciones hacen provisiones para lo que es conocido como "razones bíblicas para el divorcio." Puesto que las Escrituras mantienen estándares extremadamente altos para el oficio, el pasaje parece prohibir a alguien a tomar el oficio si tiene en su pasado un divorcio o infidelidad marital, aun antes de la conversión. Un problema en el trasfondo sería una violación de la cualificación de "irreprensible."

Vigilante. La palabra usada aquí es una que tiene la idea de abstenerse enteramente del vino, pero aquí parece indicar más, ya que hay otra cualificación sobre el vino más adelante. Probablemente significa "espiritualmente sobrio, templado, calmado, y serio en juicio." Se refiere a una vida que sigue sobriedad activa y vigilancia.

Sobrio. Esta palabra en el griego se refiere a una persona que es auto-contenida o discreta. Es una cualidad de mente que se halla en uno que es serio y sincero. La usamos a menudo para referirse al hombre que es de juicio sano.

De buen comportamiento. La columna de referencias en la versión inglesa King James usa el término "modesto," pero esto no saca la fuerza principal de la palabra. Se refiere más bien a una vida que está bien ordenada. Quiere decir orden en la vida física, moral y mental de la persona.

Dado a hospitalidad. La raíz de esta palabra en realidad significa "uno que ama a extraños." En los primeros días este atributo era de importancia. Cuando no había hoteles o moteles prácticamente, el hospedaje de hermanos que viajaban era una necesidad. Persecución, pobreza y el huir de peleas y vicios de aquel tiempo, le daba al cristiano una oportunidad para servir en este ministerio.

Apto para enseñar. La aptitud aquí se refiere a una habilidad de enseñar o impartir conocimiento a otros. El enseñar es una parte esencial de cualquier ministerio, especialmente la predicación. Esto sugiere dos cualidades: la habilidad de enseñar y el conocimiento para poder hacerlo. El entrenamiento y la educación desarrollan la habilidad de enseñar.

No dado al vino. Esta palabra se puede usar sin referencia al vino. Es probable que la referencia sea al carácter y no sólo al mero hecho de abstenerse del vino. Se puede traducir "no un peleón," o sea, no uno que bebe y se convierte en pendenciero luego de beber.

No pendenciero. El obispo no debe ser un individuo con temperamento malo que rápidamente pega con los puños cuando algo le molesta. Este término presenta lo contrario de lo que es un cristiano, como indica la palabra *paciente.* El cristiano tendrá más cosas en la vida que le molesten que el incrédulo, y debe cuidarse especialmente de un mal genio.

No codicioso de ganancias deshonestas. El ministro tiene el derecho del apoyo de su gente (I Corintios 9:7-15), pero no ha de ser deseoso de ganancia deshonesta. La utilidad del ministro se paraliza cuando el dinero es la fuerza motivadora en su vida. Como ejemplo para todos los creyentes, necesita ser libre del dominio de posesiones materiales y bienes.

Paciente. (Amable) Esta palabra se pone especialmente en contraste con el "pendenciero" y el peleón. El ministro es paciente. Será razonable y tierno en toda situación, aun cuando es provocado por hombres mundanos. Tal disposición evitará conflicto con el mundo.

No un peleón. La palabra es apacible. Como el pendenciero, el peleón denota una persona contenciosa, quien siempre es agresivo y está en la ofensiva. Al insistir en sus derechos, no siempre es capaz de mantener su ira bajo control. Pablo parece estar describiendo el carácter correcto cuando dijo "El siervo del Señor no debe ser contencioso, sino amable para con todos" (2 Timoteo 2:24).

No avaro. Porque este atributo es muy parecido a "no codicioso de ganancias deshonestas," a veces se omite de algunos textos de la Biblia. La avaricia es probablemente un término más amplio que el otro. Se pone en contraste con la liberalidad que debe caracterizar a un ministro de Cristo. Una persona avara o uno que ama el dinero es apto a darse al dinero en vez de al servicio de Cristo.

Que gobierne bien su casa. La manera en que el hombre gobierna su hogar revelará su capacidad para liderazgo en la iglesia. Supervisar la casa de Dios es aún más importante que hacer andar bien un hogar, pero el que es exitoso en el hogar por lo menos se ha marcado como capaz de exigir respeto.

No un neófito. La palabra significa "recientemente plantado." Es probable que se refiera aquí a un nuevo convertido, una persona que todavía no ha alcanzado madurez en las cosas espirituales. Es probable que una persona inmadura se infle con orgullo y luego caiga si le dan demasiada responsabilidad. "No impongas con ligereza las manos a ninguno" es todavía una buena amonestación. La vanidad es especialmente característica del inmaduro e inexperto.

Que tenga buen testimonio de los de afuera. Reputación y carácter son dos cosas distintas. Pablo ha estado tratando con carácter – lo que una persona es en realidad. Ahora menciona la reputación – lo que la gente piensa que tú eres. Si el ministro ha de tener éxito, debe tener una buena reputación. Los reproches o las acusaciones son difíciles de tomar, a menos que uno sea irreprensible. Satanás atrapa a los que no son vigilantes, y quienes permiten cosas que dañan su nombre. Cuando hay un aumento de opinión negativa en cuanto a un hombre, las presiones se aumentan y pueden hacer que el hombre caiga.

El listado de cualificaciones que Pablo envió a Tito son similares a estas (Tito 1:7-9). Tito en Creta había de usar los mismos estándares que Timoteo en Éfeso. Noten las semejanzas y sólo pequeñas diferencias en los pasajes.

III. LOS DEBERES DEL MINISTRO
   (2 Timoteo 4:1-5)

"Que prediques la palabra" es el primer y más básico deber de cualquier hombre llamado al ministerio. Todos los demás deberes caen a segundo lugar mientras uno es heraldo del mensaje que le ha sido dado por su Señor. Kent en su comentario sobre este versículo dijo "Él debe anunciarlo en su plenitud (Hechos 20:27), sin alteración, adición, o sustracción. Debe proclamar, no filosofar o argüir. Este mensaje es la Palabra de Dios, la cual ha sido previamente explicada como Escritura "respirada por Dios" (2 Timoteo 3:16, 17). Proclamar la Palabra de Dios abarca todos los temas de Escritura, no escogiendo algunos y excluyendo a otros. La Palabra de Dios en su totalidad es el material básico del mensaje del predicador."

La seriedad de esta amonestación a predicar la Palabra se halla en el versículo anterior. El encargo de Pablo a Timoteo fue dado "delante de Dios y del Señor Jesucristo." No fue solamente aliento de parte de un hombre para otro. Fue un encargo solemne de parte de un líder espiritual veterano quien trataba de impresionar sobre uno más joven la seriedad de su llamado al ministerio. Tenía un llamado y una responsabilidad hacia el mismo. Su deber era el de "predicar la palabra," de ser heraldo del mensaje del que lo había llamado.

Añadido a la importancia de ese deber, estaba el hecho de quién lo había llamado. Jesucristo fue el que juzgaría "a los vivos y a los muertos en su manifestación y en su reino." Aquellos a quienes Timoteo había de predicar, pronto comparecerían un día ante Dios en el juicio, y necesitaban hacer las paces con Él que sería su Juez.

Timoteo fue exhortado a "instar a tiempo y fuera de tiempo." El concepto de "instar" es de estar listo, preparado. Sea apropiado o inapropiado, oportuno o inoportuno, el deber del ministerio es de predicar la Palabra. Un ministro nunca está fuera de su trabajo. Debe estar preparado en todo tiempo para presentar los reclamos de Cristo a un mundo perdido.

Tres cosas que el ministro tiene que hacer, usando la Palabra de Dios: (1) *Redargüir*. Aplicando la Palabra de Dios a las vidas de pecadores, su violación de la norma de Dios y su voluntad, se les muestra, trayendo convicción de pecado. El propósito de redargüir debe siempre de traer al hombre a una convicción de su culpa ante Dios, y de convencerle de su necesidad de Cristo como Salvador. Represión que sólo inflama el enojo no logra nada. Debe traer convicción de una necesidad.

Capítulo Diez

(2) *Reprender.* Esta palabra va más allá que la previa. Involucra censura y una carga de culpa. Es una palabra usada en el Nuevo Testamento de expresar un juicio sobre lo que es contrario o incorrecto. Es la presentación de argumentos a uno para convencerle de lo que es la verdad. El decoro de tal reprensión radica en la autoridad que uno tiene de reprender. El creyente no tiene autoridad propia o en su propia opinión. Es sólo mientras usa la Palabra que posee una autoridad de resaltar la culpa de otro. La Palabra de Dios condena el pecado y es una reprensión al ser presentada.

(3) *Exhortar.* La exhortación es la presentación de ánimo o consuelo. Esta palabra viene de la misma raíz de "Consolador" como aplicada al Espíritu Santo se deriva. Como el Espíritu Santo es un Consolador o uno llamado al lado para ayudar, así el ministro ha de tomar a aquellos que responden a la reprensión y darles ánimo en el camino bueno. Esto se puede hacer al usar la Palabra para mostrar cómo los pecados pueden ser perdonados y cómo la vida espiritual puede ser fortalecida.

Los deberes del ministro continúan en el versículo 5. Pablo añade allí, "Pero tú sé sobrio en todo." Igual que el ministro tiene que estar caracterizado por vigilancia y sobriedad (Tito 1:8, 2:11-13), también su deber es de estar vigilante y alerta. La vigilancia tiene que apuntar en dos direcciones. El varón de Dios tiene que estar alerta a cada oportunidad para declarar la Palabra de Dios. Pablo ya había hecho referencia a eso en el versículo 2. Aquí está probablemente indicando los versículos 3 y 4. El ministro tiene que estar alerta a los ataques de los que tienen motivos malos y enseñanzas falsas. Estos son aquellos que volverán a otros a fábulas y mentiras.

El deber del ministro también requerirá que "soporte las aflicciones." Llevar cargas a veces será privado, su propia carga (Gálatas 6:5). A veces tiene que llevar las cargas de otros (Gálatas 6:2). A veces el sufrimiento irá más allá de meramente llevar unas cargas. Pablo invitó a Timoteo a unirse a él en ser "participante de las aflicciones del evangelio" mientras languidecía en una celda de muerte en Roma. Pedro exhortó, "Así que, ninguno de vosotros padezca como homicida, o ladrón, o malhechor, por entremeterse en lo ajeno; pero si alguno padece como cristiano, no se avergüence, sino glorifique a Dios por ello" (I Pedro 4:15, 16). También dijo, "De modo que los que padecen según la voluntad de Dios, encomienden sus almas al fiel Creador" (versículo 19).

El ministro, según Pablo, tiene que hacer "la obra de evangelista." El don de evangelizar era una capacitación especial de proclamar las buenas nuevas de salvación. Aunque sea un llamado especial para algunos (Felipe, Hechos 21:8; Efesios 4:11) es también la obligación de todos los que son llamados a predicar. El pastor no puede olvidar a los perdidos. Es la tarea del misionero de preocuparse por la redención de las almas de los hombres. A cualquier área de servicio que una persona sea llamada, una parte esencial de su obra siempre será de anunciar las buenas nuevas de redención por la sangre derramada de Cristo.

Luego Pablo dijo, "cumple tu ministerio." El margen (de la Biblia en inglés) dice "cumplir." La sugerencia parece ser que llevar a cabo tu ministerio, a completarlo. Asegúrate que todos los elementos del ministerio se logren concienzudamente, sea enseñar, pastorear, exhortar, o evangelizar. Dios no quiere servicio a medias.

El Tratado de los Bautistas Libres dice que los deberes de ministros son "predicar la Palabra, administrar las ordenanzas del evangelio, visitar la gente, y realizar de las diferentes formas posibles la obra de fieles ministros." Podemos decir que el ministro tiene que estar "listo para toda buena obra."

La obra del ministro es complicada por los falsos ministros quienes dice Pablo, "apartarán de la verdad el oído y se volverán a las fábulas." (2 Timoteo 4:4). Porque los hombres no están deseosos de ser moldeados por "sana doctrina," tienden a responder a esos ministros más fácilmente que a aquellos que predican la verdad. A Tito, Pablo le escribió de esos falsos maestros, "repréndelos duramente, para que sean sanos en la fe" (Tito 1:13). Al ministro quizá no siempre le guste la batalla y la oposición de estos falsos profetas, pero si "cumple su ministerio" incluirá algo de la defensa de la fe. Es por eso que Judas escribió que "contendiéramos ardientemente por la fe." El ministro debe presentar la verdad contra aquellos que "profesan conocer a Dios, pero con los hechos lo niegan" (Tito 1:16).

Los deberes del hombre de Dios se pueden resumir en las palabras de Salomón quien escribió, "Todo lo que viniere a la mano para hacer, hazlo según tus fuerzas" (Eclesiastés 9:10).

11

Las ordenanzas del evangelio

TRASFONDO

Debido al error que entró al cristianismo en cuanto al bautismo y su relación con la regeneración (algunos creían que los pecados no podían ser quitados sin bautismo en agua), el error en cuanto al modo enganchó la mente de muchos. El primer registro de otro modo aparte del bautismo por inmersión fue el de verter. El hombre estaba demasiado enfermo como para ser sumergido, y porque los que estaban involucrados creían en la regeneración bautismal, el verter fue sustituido – no sin muchas protestas. Un error lleva a muchos más.

Hoy por hoy, esos dos errores sobre el modo y el propósito todavía existen. Los bautistas libres tienen que estar firmemente arraigados en la Palabra de Dios y saber lo que la Biblia enseña en cuanto al bautismo.

Quizá el versículo que ha preocupado más personas que cualquier otro sea Hechos 2:38. Un examen del texto griego revela un dato interesante. La palabra "arrepentirse" está en plural, mientras que la palabra "bautícese" es singular. La frase, "perdón de pecados" es también plural, refiriéndose a los pecados de todos que escuchaban el mensaje. El versículo podría traducirse literalmente "Arrepentíos todos vosotros (y que cada uno sea bautizado) para el perdón de los pecados de todos vosotros…" Esto pondría el perdón de pecados de todos contingentes sobre el arrepentimiento de todos, y el bautismo sería la consecuencia natural para que cada uno lo observara como resultado de su salvación.

Capítulo El Once

La ordenanza de lavar los pies de los santos no ha sido observada por la mayoría de las denominaciones. Algunos dicen que la iglesia primitiva no observaba esta ordenanza. Dummelov dice en su comentario que el precepto fue literalmente obedecido por muchas iglesias antiguas.

Benjamín Randall creía y practicaba esta ordenanza. En el siglo siguiente el grupo norteño (quienes tomaban en nombre "Free Baptists" para expresar su oposición a la esclavitud) votó para dejar la práctica (de lavar o no los pies) a la decisión de cada iglesia local.

Nuestra herencia es una que abraza la ordenanza. Nuestro *Tratado* declara claramente que creemos que es una ordenanza. Pero, más importante, la Biblia la enseña claramente. Sean que haya costumbres y tradiciones o no, si la Biblia enseña una doctrina particular, debemos de aceptarla y perpetuarla. "El siervo no es más grande que su Señor."

Algunos insistirían que Jesús meramente observaba una costumbre de su época. Pero dejan de mencionar que la costumbre era que lavaban los pies antes de entrar a la casa. Este acto tomó lugar en el aposento alto. No era costumbre de ninguna manera.

BOSQUEJO

I. El bautismo (Romanos 6:1-5)
II. La cena del señor (Mateo 26:26-29; I Corintios 11:23-30)
III. El lavamiento de los pies de los santos (Juan 13:2-17)

INTRODUCCION

Mientras que los creyentes individuales pierden poder espiritual a través de un incremento de materialismo y la asociación con el mundo, la tendencia de las iglesias es hacia una religión sacerdotal. Esta es una religión que depende de los sacramentos. Un sacramento es algo presentado a los sentidos que tiene el poder de institución divina de conferir la gracia. Se supone que la gracia que viene de Dios es conllevada al observar ciertos ritos y ceremonias. La iglesia católica tiene siete sacramentos que supuestamente imparten gracia.

Los bautistas libres no creen en los sacramentos, pero sí, tienen tres ordenanzas del evangelio que enseñan. Una ordenanza es un rito externo designado por Cristo como señal visible de la fe salvífica de la fe cristiana. Estas tres ordenanzas se combinan para presentar las verdades centrales de la fe cristiana. Prescritas en el Nuevo Testamento, están el bautismo, la Cena del Señor y el lavamiento de pies.

Tres cosas determinan lo que constituye una ordenanza: (1) Fue ordenada por Cristo, (2) presenta una verdad central del evangelio. (3) La intención era que fuera perpetuado continuamente en la iglesia.

I. El BAUTISMO
(Romanos 6:1-5)

El *Tratado* define el bautismo cristiano como "la inmersión de los creyentes en agua, en el nombre del Padre, del Hijo y del Espíritu Santo, en el cual están representadas la sepultura y resurrección de Cristo, la muerte de los cristianos al mundo, y el lavamiento de sus almas de las contaminaciones del pecado, su resurrección a nueva vida, su compromiso de servir a Dios y su resurrección en el día final."

La aprobación de Jesús selló el bautismo cuando Él se sometió al bautismo de Juan (Mateo 3:13-15). Aunque Juan vacilaba al principio acerca de bautizar a Cristo, Jesús insistió en cumplir con la ordenanza para "cumplir toda justicia." Al someterse al bautismo, puso un ejemplo para los creyentes de todos los tiempos.

Los que vinieron a Jesús y llegaron a ser sus seguidores fueron bautizados (Juan 4:1, 2). No parece que Jesús bautizara, sino que daba el privilegio a sus discípulos, quienes bautizaron a otros que le siguieron.

El mandato específico de bautizar está en la Gran Comisión y dado por Jesús. Él dijo "Id y haced discípulos a todas las naciones, bautizándolos en el nombre del Padre, y del Hijo, y del Espíritu Santo" (Mateo 28:19). Vinculado como está a la Gran Comisión, el bautismo debe ser de vital importancia para ser observado. Siempre ha sido vinculado con la salvación porque Jesús dijo, "El que creyere y fuere bautizado será salvo" (Marcos 16:16).

El pasaje a estudiar ahora en esta lección muestra cuán vitalmente el bautismo está vinculado a la salvación. La ordenanza es un símbolo de la identificación del creyente con Cristo en su sepultura y resurrección (Romanos 6:1-5). Es importante que nos demos cuenta que la identificación del creyente con Cristo no se efectúa con el rito del bautismo.

El bautismo funciona como símbolo de aquel evento de salvación que trae al cristiano al contacto personal con Cristo. Lo hace a través de una serie de hechos que corresponden a los hechos redentoras de Cristo.

La inmersión simboliza la muerte.

La sumersión simboliza el entierro.

El emerger simboliza la resurrección.

En la experiencia misma de salvación, el creyente muere al yo, y a la vida vieja. El hombre viejo o la naturaleza vieja son enterrados. Por el nuevo nacimiento el creyente es resucitado a una vida nueva. Son esas experiencias espirituales las que quedan simbolizadas por el bautismo.

El bautismo es simbólico por el hecho que nos trae a estar "en Cristo Jesús" (Romanos 6:3). Esto describe la lealtad más estrecha y la adhesión a Él tan íntima que puede estar descrita como una unión real. El acto redentor de Cristo involucró su muerte, sepultura y resurrección. Éstos se repiten en un sentido espiritual en nuestra salvación y están simbolizados en el bautismo de esta manera:

(1) "Sepultados juntamente con él, para muerte por el bautismo" (Romanos 6:4). Descender al agua bautismal simboliza que hemos muertos al pecado. (2) Al pasar el agua sobre nuestra cabeza, simboliza que somos sepultados con Él. Es una prueba de nuestra muerte al pecado. Esta ha de ser una muerte real, como la muerte de Cristo era real. (3) "como Cristo resucitó de los muertos por la gloria del Padre" (v. 4) nuestra salida del agua ha de simbolizar que ahora somos dedicados a conducir nuestra vida como hombres en los cuales un nuevo principio de vida ha sido plantado.

El versículo 5 enseña que no podemos estar unidos a Cristo en una cosa sin estar unidos en otra. Si morimos a la vieja naturaleza y la vieja naturaleza fue crucificada, el proceso de esa muerte debe haber traído libertad al nuevo hombre en la imagen de Cristo.

Según el *Tratado* una serie de cosas son simbolizadas en el bautismo. Noten cuáles son: (1) La sepultura y la resurrección de Cristo. (2) La salvación de los creyentes, incluyendo "la muerte de los cristianos al mundo, el lavamiento de sus almas de las contaminaciones del pecado, su resurrección a nueva vida" (3) El compromiso de los creyentes de servir a Dios. (4) Su resurrección en el día final. Todas estas cosas, de una u otra manera, se relacionan a lo que es simbolizado en el bautismo.

Un hecho que se ha asumido ya es que la unión con Cristo no se logra mediante el bautismo, sino que el bautismo meramente simboliza lo que ha tomado lugar en la salvación. El pasaje en Hechos frecuentemente se cita en apoyo de la teoría de regeneración bautismal. Allí Pedro en su mensaje dijo, "Arrepentíos y bautícese cada uno de vosotros en el nombre de Jesucristo para perdón de pecados" (2:38). El problema principal está en la traducción de la palabra *for* "*para*" como aparece en la versión King James. Esta palabra tiene varios posibles significados al ser traducido al inglés. Entre ellos es "sobre la base de." Al ser traducida así, el verdadero significado del pasaje sería "Bautícese...sobre la base de la remisión de pecados."

Pero, aunque no se siguiera esta traducción particular, Hechos 2:38 tiene que interpretarse a la luz de otras Escrituras. El orden es dado en Hechos 18:8 donde dice "muchos de los corintios, oyendo, creían y eran bautizados." Esta secuencia se repite en muchos otros pasajes también. En la experiencia de Felipe se nos informa "Pero cuando creyeron a Felipe, que anunciaba el evangelio del reino de Dios y el nombre de Jesucristo, se bautizaban hombres y mujeres" (8:12). Con el eunuco de Etiopía fue muy claro cuando éste pedía ser bautizado, "Si crees de todo corazón, bien puedes" (Hechos 8:37).

Este mismo orden fue seguido por Pedro después de predicar a la familia de Cornelio. Tras una experiencia inicial en la cual recibieron al Espíritu Santo, se preguntó, "¿Puede acaso alguno impedir el agua, para que no sean bautizados estos que han recibido el Espíritu Santo también como nosotros?" (Hechos 10:47).

El ejemplo del carcelero de Filipo se puede tomar como típico del orden seguido por Pablo. En aquella experiencia el carcelero pidió qué tenía que hacer para ser salvo. En la respuesta de Pablo, no se menciona el bautismo. Él y Silas simplemente contestaron, "Cree en el Señor Jesucristo y serás salvo, tú y tu casa" (Hechos 16:31). Sólo luego se nos informa que el carcelero "se bautizó él con todos los suyos" (v. 33).

El bautismo está estrechamente relacionado a muchas cosas en nuestra experiencia, pero debemos tener presente que la salvación precede al bautismo. Solo enterramos a personas que han muerto. Note, sin embargo, en las siguientes instancias la relación íntima del bautismo con estas cosas.

1. Con la remisión de pecados. En Hechos 22:16 donde Pablo da su testimonio, relata cómo le dijeron, "Levántate y bautízate, y lava tus pecados, invocando su nombre."

2. Con el nuevo nacimiento. Pablo le escribió a Tito, "Nos salvó...'por el lavamiento de la regeneración, y por la renovación en el Espíritu Santo" (3:5).

Capítulo El Once

3. Con nuestra unión con Cristo. A los Gálatas Pablo escribió, "porque todos los que habéis sido bautizados en Cristo, de Cristo estáis revestidos" (3:27).

4. Con ser hecho un hijo de Dios por adopción. El versículo previamente mencionado es precedido por el versículo que nos describe como hijos de Dios.

5. Con el otorgamiento del Espíritu Santo. Pablo escribió "Porque por un solo Espíritu fuimos todos bautizados en un cuerpo" (I Corintios 12:13).

6. Con el ser hecho miembro de la iglesia. En Pentecostés se dice que "Así que, los que recibieron su palabra fueron bautizados, y se añadieron aquel día como tres mil personas" (Hechos 2:41).

7. Con el don de la salvación. Marcos relata que Jesús dijo, "El que creyere y fuere bautizado, será salvo" (Marcos 16:16).

Se puede notar que el bautismo es hecho sinónimo con la obra de Dios en la experiencia de la salvación. El intérprete debe tener cuidado de utilizar la interpretación correcta, ya que el bautismo simboliza la identificación del creyente con cristo en su sepultura y resurrección. A veces los autores se refieren al acto de Dios al efectuar esta unión como bautismo. Pero, el bautismo en agua no efectúa esa unión. Presupone que la unión ha sido efectuada y la simboliza.

Los Bautistas libres creen que la inmersión en agua es el único modo bíblico de bautismo. No hay duda que el modo original de bautismo era la completa inmersión en agua. La historia de la iglesia muestra que por lo menos durante cuatrocientos años ningún otro modo era conocido o lo consideraban herético. La iglesia ortodoxa del Oriente todavía se adhiere a la inmersión y considera cualquier otro modo inválido.

Es triste decir que los reformadores como Calvino no adoptaron una posición fuerte a favor de la inmersión. Aún permitían el bautismo de infantes. La palabra griega "bautizar" significa sumergir completamente. La misma descripción de la palabra debe ser suficiente para mostrar el modo empleado en el Nuevo Testamento (Mateo 3:13-17). Pero probablemente el argumento más favorable para la inmersión se halla en lo que simboliza. El bautismo es un símbolo de la identificación del creyente con Cristo en su sepultura y resurrección. No hay manera que, vertiendo, rociando o mojando puedan corresponder a ese símbolo. Solo la inmersión en agua da un cuadro correspondiente a Su sepultura y resurrección.

Y en cuanto al bautismo infantil, las Escrituras están claras en su enseñanza sobre el hecho que solo aquellos que tienen edad para tomar su propia decisión son candidatos para el bautismo. Instrucción (Mateo 28:19), arrepentimiento (Hechos 2:28) y fe (Hechos 2:41; 8:12; 18:8) han de preceder el bautismo. La analogía de circuncisión en el Antiguo Testamento está bien mientras que se hace evidente que la consagración es de y por los padres, y que la salvación es un asunto privado para ser determinado por la elección del hijo cuando tenga suficiente edad.

II. LA CENA DEL SEÑOR
(Mateo 26:26-29; I Corintios 11:23-30)

Tres de los cuatro autores de los evangelios nos narran la historia de la Cena del Señor. Pablo, en I Corintios, da instrucción sobre ella. Tanto en Lucas 22:19 como en I Corintios 11:24 se dan instrucciones sobre la perpetuación de la ordenanza. En el pasaje anterior Lucas reporta que Jesús dice, "Haced esto en *memoria* de mí." Pablo utilizó las mismas palabras en el pasaje posterior. De las palabras de Pablo, parecería que la Cena del Señor ya estaba establecida como ordenanza cuando el apóstol escribió.

La Cena del Señor fue instituida la noche en que nuestro Señor fue traicionado. Solo Juan, de los autores de los evangelios no describe el evento. Él, sí hace referencia a ella, y registra el lavamiento de pies como subsiguiente a la Cena, la cual los otros evangelistas omiten. Juan, quien escribió más tarde que los demás, probablemente quiso aclarar esta omisión.

El *Tratado* dice sobre la Cena del Señor: "Esta es una conmemoración de la muerte de Cristo por nuestros pecados, en el uso del *pan* Él hizo simbolismo de su cuerpo quebrantado y la *copa,* el símbolo de su sangre vertida, y por ella el creyente expresa su amor a Cristo, su fe y esperanza en Él, y le promete su eterna fidelidad."

Las Escrituras enseñan claramente que la Cena del Señor simboliza la muerte del Señor. Pablo escribió, "Así, pues, todas las veces que comiereis este pan, y bebiereis esta copa, la muerte del Señor anunciáis hasta que él venga" (I Corintios 11:26). La muerte de Jesús era inminente cuando Él instituyó la Cena. Su muerte había de ser el factor principal en la salvación del hombre. Era algo que requería una fuerte impresión sobre la mente del hombre. Era de tal importancia en nuestra salvación que el Señor quería que su observancia fuera perpetua, para que la iglesia siempre se recordara a sí

Capítulo El Once

misma y al mundo que Cristo murió y por qué murió. El mero hecho de que murió no hubiera tenido significado y no hubiera un significado (o propósito) en su muerte. Pero había tal significado, y el evento es celebrado para mostrar que la muerte de Cristo era necesaria como expiación del pecado del hombre. Era también para mostrar que su muerte fue vicaria. Él murió por nuestros pecados en nuestro lugar.

Debemos notar con cuidado los detalles de aquella primera cena como lo describen los apóstoles. La cena fue iniciada "mientras comían" (Mateo 26:26). El Señor había enviado discípulos "el primer día de la fiesta de los panes sin levadura" (26:17) a preparar el lugar donde Él iba a comer la pascua con sus discípulos. Estaban reunidos en Jerusalén con miles y posibles millones de judíos de alrededor del mundo. Judas ya había convenido en traicionar a Jesús por treinta piezas de plata. Pero en la tarde del primer día de esa semana de los panes sin levadura Jesús instituyó la Cena del Señor. Comieron la Cena después de comer la comida regular en aquella ocasión.

Tanto en Mateo como en Marcos, está escrito que primero "tomó Jesús el pan, y bendijo, y lo partió, y dio a sus discípulos (Mateo 26:26; Marcos 14:22), y luego que "tomando la copa, y habiendo dado gracias, les dio…" (Mateo 26:27; Marcos 14:23). Además, Lucas escribe que el primero tomó la copa (22:17) y que "después que hubo cenado, tomó la copa" (v. 20). No hay discrepancia. Aparentemente la copa después de la cena era la que Jesús quería señalar para perpetuar la ordenanza. En las palabras de Jesús, no da significado especial a la primera copa (v.17, 18), pero sí, a la segunda (v. 20).

El significado dado por Jesús al pan se expresa sencillamente en el relato de Mateo. Dijo, "Tomad, comed, esto es mi cuerpo" (Mateo 26:26). Lucas nos proporciona un poco más de idea al significado al reportar lo que Jesús dijo, "Esto es mi cuerpo, que por vosotros es dado; haced esto en memoria de mí" (22:19), esto es básicamente lo mismo que Pablo reportó en Primera Corintios 12:24. El "dado por vosotros" saca a luz el aspecto vicario y su significado como expiación por pecados. Pablo, Juan y otros exponen más sobre esto en otros pasajes (Romanos 3:23, 25), I Juan 4:10, etc.).

Hay más palabras dedicadas a explicar el significado de la copa como símbolo de la sangre derramada de Cristo. Puede ser que esto sea así porque la sangre es representativa de la vida y el derramamiento de sangre generalmente se hace equivalente a la muerte. De la copa Jesús dijo, "porque esto es mi sangre del nuevo pacto, que por muchos es derramada para remisión de los pecados" (Mateo 26:28). Las palabras de Marcos son las mismas que las de Mateo. Lucas y Pablo las cambian un poco. Las palabras llevan el significado que la sangre vertida de Jesús en su muerte fue el medio por el cual el nuevo pacto o testamento fue instituido. Su sangre derramada fue la base sobre la cual Dios podía perdonar nuestros pecados por fe en su sangre.

La sangre derramada de Cristo llegó a ser el medio de varias cosas para el pecador que cree. (1) Fue el medio de su rescate del poder de pecado (Mateo 20:28; I Pedro 1:18). (2) Fue el medio por el que la ira de Dios hacia el pecador fue propiciada (Romanos 3:25; I Juan 2:2). (3) Fue el medio por el cual el pecador está reconciliado con Dios (Romanos 5:10; 2 Corintios 5:18, 19; Efesios 2:16). (4) La sangre vertida de Cristo fue aceptada como sustituto de nuestra propia muerte, la cual era la pena de nuestros pecados (Isaías 53:6; I Pedro 2:24; 3:18). Todo esto estaba involucrado en lo que Jesús deseaba que fuera conmemorado. Fue un memorial de una vida dada por nosotros.

La enseñanza católica romana es que las palabras del Señor se han de tomar literalmente. Cuando dijo, "Esto es mi cuerpo," quiso decir que el tomar el pan y después al tomar de la copa, fue literalmente tomar del cuerpo y la sangre de Cristo. Ellos enseñan que la consagración de los elementos por el sacerdote literalmente los cambia en el cuerpo y la sangre de Cristo. De ser así, cada nueva consagración es un nuevo ofrecimiento de la vida de Cristo en sacrificio. Al participar en el nuevo sacrificio, el recipiente recibe gracia salvadora y santificadora de Dios. Cristo es constantemente sacrificado nuevamente. Este punto de vista es conocido como la *transubstanciación.*

La iglesia luterana tiene un punto de vista similar. Aunque enseñan que los elementos mismos no cambian, creen que los elementos son el medio por el cual el cuerpo y la sangre literales son comunicados al creyente. Por la oración de consagración el comunicante de alguna manera participa en realidad del cuerpo y la sangre de Cristo.

Estos dos puntos de vista niegan la finalización del sacrificio de Cristo. Para ellos, aquel sacrificio se repite constantemente. Esto está en contradicción directa con las Escrituras, las cuales enseñan que "…por su propia sangre, entró una vez para siempre en el Lugar Santísimo, habiendo obtenido eterna redención" (Hebreos 9:12), y "…ahora, en la consumación de los siglos, se presentó una vez para siempre por el sacrificio de sí mismo" (Hebreos 9:26). Él hizo "una vez para siempre un solo sacrificio por los pecados" (Hebreos 10:12).

Esta doctrina hace que los elementos materiales sean necesarias para recibir a Cristo y elimina la recepción espiritual. Se hace necesario un sistema

Capítulo El Once

sacerdotal con todos los ritos y ceremonias externos para impartir a Cristo a los comunicantes. La salvación entonces depende del sistema en vez de la doctrina de la fe. ¡Esto es repugnante a la Palabra de Dios!

El pan y la copa siempre están presentes como memoriales del cuerpo y la sangre de Cristo. Al participar en ellas, no participamos de la muerte. Lo hacemos por la fe. La observancia de la Cena del Señor solamente conmemora aquella muerte y queda como símbolo de que nosotros participamos en su muerte.

Las condiciones o requisitos para participar en la Cena del Señor son regeneración y una vida de obediencia. La comunión cerrada, que limita la observancia mutua de la Santa Cena a los miembros de una denominación particular o una sola iglesia local, no es bíblica. El Señor dio la ordenanza a sus discípulos quienes eran hombres regenerados (Mateo 26:27). Eran todos los creyentes que esteban presentes los que seguían perpetuando las subsiguientes observancias (Hechos 2:46, 47; 20:7). La membresía en la iglesia tampoco se da como prerrequisito. Aun el bautismo no está presentado como requisito, aunque generalmente se supone que este rito se había cumplido cuando la persona se convirtió. Sin embargo, si una iglesia celebró la Cena del Señor después que alguien fue salvo, pero antes de que fuera bautizado, no hay nada en las escrituras que prohíbe que el participe. La Cena, según Pablo, es "la mesa del Señor" (I Corintios 10:21). Pablo sí, urgió a cada participante a probarse a sí mismo, para no participar indignamente (I Corintios 11:27, 28). La iglesia no está autorizada a sentarse en juicio sobre cristianos profesantes, pero podemos estar seguros que aquellos excluidos de la iglesia debido al pecado (2 Tesalonicenses 3:6, 11; I Corintios 5:11-13), por doctrinas falsas (2 Juan 10, 11; Tito 3:10), y por sembrar discordia (Romanos 16:17) no eran bienvenidos a la mesa del Señor.

Jesús no autorizó ningún tiempo específico para tomar la Cena del Señor. La costumbre de la Iglesia de Cristo de tomarla semanalmente se basa en la premisa falsa que la iglesia primitiva lo hacía así. La observancia de la Cena debe dejarse al criterio de la iglesia local. Este escritor sugiere que la observáramos por lo menos anualmente. Nuestro Señor dijo simplemente "Haced esto en memoria de mí" (Lucas 22:19). Pablo dijo sencillamente, "todas las veces que comiereis este pan y bebiereis esta copa..." (I Corintios 11:25,26). No se debe conmemorar tan frecuentemente que su significado se pierda, sino suficientemente frecuente que su verdadero significado queda fuertemente impresionado en los miembros del cuerpo de Cristo. Como expresa nuestra esperanza en Él, siempre debe ser una profunda experiencia espiritual a todos los que participan.

III. LAVAMIENTO DE LOS PIES DE LOS SANTOS (Juan 13:2-17)

Los bautistas libres están en la minoría entre las denominaciones protestantes que enseñan tres ordenanzas en vez de dos. La doctrina del lavamiento de los pies de los santos ha sido descontinuada gradualmente en tiempos modernos, aún de parte de muchos bautistas libres. La doctrina tiene una larga historia entre bautistas libres y el *Tratado* tiene esta afirmación:

"Esta es una ordenanza sagrada, que enseña humildad, y recuerda al creyente la necesidad de la limpieza diaria de todo pecado. Fue instituida por el Señor Jesucristo, y llamado un "ejemplo" la noche de su traición y está en conexión con la institución de la Santa Cena. Es el deber y feliz privilegio de cada creyente observar esta sagrada ordenanza."

La humildad mencionada se demostró apropiadamente por nuestro Señor cuando "se quitó su manto, y tomando una toalla, se la ciñó. Luego, puso agua en el lebrillo, y comenzó a lavar los pies de los discípulos, y a enjugarlos con la toalla con que estaba ceñido" (Juan 13:4, 5). Él que sabía que "había salido de Dios, y a Dios iba" había declarado en una ocasión previa que no vino a ser servido, sino para servir. Aquella humildad con la que condescendió a ser hombre y a morir por el hombre es simbolizada en este acto. El lavado de pies era el trabajo de un esclavo, pero Cristo se humilló a sí mismo para hacer el trabajo de siervo, y de esta manera, poner un ejemplo en cuanto a la humildad que debe de caracterizar a cada creyente que profesa seguirle.

El bautismo es el rito inicial del cristiano por el cual el nuevo creyente da evidencia al mundo que ha empezado la vida nueva. La Cena del Señor es aquella comunión de santos en la cual ellos tienen comunión y refrescan su memoria de aquel sacrificio por sus vidas. El lavado de pies nos recuerda de la humildad que caracterizaba a Cristo, y debe marcar a cada uno de nosotros como siervo de los demás.

Esta ceremonia también nos recuerda de "la necesidad de la limpieza diaria de todo pecado." Simón Pedro, frente a la perspectiva de que su Señor le iba a lavar los pies, sintió la necesidad de una limpieza total por el Señor. Gritó, "Señor, no sólo mis pies, sino también las manos y la cabeza" (Juan 13:9).

Capítulo El Once

Hay quienes han hecho el argumento que el Lavado de Pies no es una ordenanza y que no fue instituido en relación con la Cena del Señor. Una lectura cuidadosa disipará este argumento. Fue instituido en relación a la cena de donde Judas se despidió para ir a entregar al Señor (Juan 13:2-4). Así es, fue la Cena del Señor. Un segundo argumento que relaciona a las dos ordenanzas se halla también en la declaración fuerte de Pedro de que no negaría al Señor. Esto se encuentra en los dos eventos (Juan 13:36-38; Lucas 22:31-34).

Puesto que una ordenanza, para ser ordenanza, depende de si Jesús la mandó y quería que fuera perpetuada o no, algunos han cuestionado el Lavado de Pies. Pero la declaración de Jesús sobre el Lavado de Pies es muy fuerte. De la Cena del Señor dijo, "Haced esto en memoria de mí" (Lucas 22:19). Del Lavamiento de Pies, Él dijo claramente "Vosotros me llamáis Maestro y Señor; y decís bien, porque lo soy. Pues si yo, el Señor y el Maestro, he lavado vuestros pies, vosotros también debéis lavaros los pies los unos a los otros. Porque ejemplo os he dado, para que como yo os he hecho, vosotros también hagáis" (Juan 13:13-15). La palabra *debéis* se usa aquí y en otros pasajes para significar "estar bajo obligación." Jesús en ningún momento es tan enfático acerca de la Cena del Señor. Simplemente nos da un ejemplo en el bautismo sin decir que es ejemplo. Pero aquí en referencia específica a Su acto de humildad, Él dijo, "Ejemplo os he dado, para que como yo os he hecho, vosotros también hagáis."

Probablemente uno de los argumentos más frecuentemente empleados contra el Lavamiento de Pies es la creencia de que esta humildad se puede expresar al hacer algo para ayudar a otro. La sustitución de esta obra de ayuda, sin embargo, está en contra del concepto de nuestro Señor. Él dijo que debes de lavar los pies. Puso un ejemplo del acto que Él quería que se realizara. También, hay que reconocer si hay base para sustituir aquí, habrá lugar para otras sustituciones en otra área. Sobre esa base, se podría sustituir el rociar por el bautismo por inmersión. O dando un paso más, se podría sustituir la membresía en una iglesia por la regeneración. Definitivamente, no hay lugar para la sustitución.

El *Tratado* describe el Lavamiento de Pies como "el deber y feliz privilegio de cada creyente." Tanto el deber como el privilegio se deben notar. Ni el bautismo ni la Cena del Señor, ni el Lavamiento de Pies se deben considerar como deber en el sentido que son requerimientos para la salvación. Son deberes en el sentido que nuestro Señor los mandó y que cada creyente debe desear obedecer al Señor en cada uno de sus mandatos. También son deber en que sus observancias son medios por los cuales somos testigos al mundo. Pero, por otro lado, ninguna de las tres se debe considerar como prerrogativa en el sentido que uno puede elegir o no observarlas. La obediencia a Cristo y el reconocimiento de Él come Señor y Maestro nos pone bajo obligación a observar cada una. El Lavamiento de Pies es aquella ordenanza que conlleva una bendición especial consigo. Nuestro Señor dijo, "Si sabéis estas cosas, bienaventurados sois si las hiciereis (Juan 13:17). Esta bendición no se halla en negar esta ordenanza, sino al observarla. Entonces su mandato, su ejemplo y su promesa de una bendición deben ser suficientes para hacer de cada creyente en Cristo un lavador de pies.

12

Doctrinas de las últimas cosas

TRASFONDO

Aunque los bautistas libres creen que Jesús viene otra vez, que todos serán levantados de los muertos, y que todos han de ser juzgados, no hay acuerdo completo sobre los detalles de estos eventos. Sin embargo, las diferencias de opinión no deben impedir a los bautistas libres de examinar estas verdades o de predicarlas.

Debemos reconocer que hay áreas de desacuerdo, y respetar las opiniones de otros, aunque no estemos de acuerdo con su opinión. Nadie debe ser tan dogmático que condene a los que discrepan con sus teorías.

Hay mucho terreno común sobre el cual los bautistas libres están de acuerdo acerca de estas doctrinas, que sería una vergüenza el no enfatizar nuestras semejanzas en vez de las diferencias sobre estos temas.

Nosotros sí creemos que Cristo viene. Sí creemos que todos han de ser levantados de los muertos. También creemos que habrá un juicio. Creyendo estas cosas debe causarnos estar donde Dios quiere que estemos.

Varias escuelas de pensamiento existen en cuanto a la segunda venida de Cristo y las circunstancias que acompañarán a este evento. Una de estas escuelas de pensamiento es conocida como amilenialismo. Los amilenialistas creen que habrá una resurrección general de buenos y malos, un juicio general, y que no hay un periodo literal de mil años de Cristo reinando sobre la tierra.

Los premilenialistas creen que Cristo vendrá y arrebatará a los santos (los muertos en Cristo resucitarán y serán levantados para encontrarse con el Señor en el aire) y que siete años más tarde Cristo vendrá a la tierra y reinará con sus santos por mil años. Al fin de ese período, los malos serán levantados y juzgados.

Los posmilenialistas creen que el cristianismo traerá una época de justicia, después de la cual Cristo vendrá, levanta a todos los muertos y juzga a todos.

Hay variaciones de creencias dentro de cada uno de esos grupos, pero estas son las ideas básicas sobre lo que cada grupo cree.

Muchos cristianos no se identificarían con ningún grupo en particular, prefiriendo creer sólo que Cristo viene, que habrá una resurrección y un juicio.

El pensamiento principal que debe prevalecer en este estudio es de estar listo, a pesar de todo.

BOSQUEJO

I. **La muerte como pena del pecado (Romanos 5:12-21)**
II. **La venida de Cristo como esperanza del creyente (2 Tesalonicenses 1:5-10)**
III. **La resurrección del cuerpo (I Corintios 15; 2 Corintios 5:1-9)**
IV. **El juicio como el tiempo cuando la prueba terminará para siempre (2 Corintios 5:10)**

INTRODUCCION

El énfasis constante de la Biblia es que el orden mundial presente no ha de existir para siempre. Va a ser reemplazado por otro orden. Mientras que el orden presente es material y pasará, el nuevo orden que vendrá será espiritual y eterno. Probablemente la primera pista de eso vino con la introducción de la muerte en el orden presente. La vida del hombre en la tierra ya se veía como temporal y pasajera; sin embargo, se notaba que había una cualidad eterna en el alma del hombre. Con el reconocimiento que Dios era un ser eterno y la revelación que el hombre fue creado a su imagen y semejanza, había un sentido de "eternidad" que llevaba a la esperanza para una vida futura.

El clímax de la enseñanza del Antiguo Testamento sobre ese tema probablemente vino con el testimonio de Job. Su testimonio fue, "Yo sé que mi Redentor vive, y al fin se levantará sobre el polvo; y después de desecha esta mi piel, en mi carne he de ver a Dios" (Job 19:25, 26). El clímax de esperanza de los siglos viene en el Nuevo Testamento en la resurrección de Cristo. Su resurrección dio testimonio que Él era el Hijo de Dios y que sus reclamos eran verdaderos. Testificó el hecho que había una eternidad en el futuro, que consistía de un ámbito espiritual en el cual los santos de Dios morarían siempre a la luz de la presencia de Dios.

Las doctrinas recogidas de ambos testamentos tocante a las últimas cosas son conocidas como la "escatología." Este término se basa en las referencias bíblicas a "los últimos días," "los tiempos del fin," y otras referencias similares. La muerte está incluida en este estudio porque tiene mucha relación a ellas.

I. LA MUERTE COMO PENA DEL PECADO (Romanos 5:12-21)

La muerte física no está representada en las Escrituras como un resultado natural esperado de la condición original del hombre. Creado a la imagen de Dios, si esos potenciales espirituales inherentes hubieran sido realizados, la muerte y la mortalidad no hubieran sido el fin del hombre. Pero cuando el hombre pecó y murió espiritualmente, la muerte se introdujo al mundo por la humanidad. Esto es aquello del cual Pablo escribió cuando dijo, "Por tanto, como el pecado entró en el mundo por un hombre, y por el pecado la muerte, así la muerte pasó a todos los hombres, por cuanto todos pecaron" (Romanos 5:12). Así es que la muerte era algo extraño y hostil a la intención de Dios para el hombre.

El *Tratado* tiene una declaración que está acorde con este punto de vista. Dice que "Como resultado del pecado, toda la humanidad está sujeta a la muerte del cuerpo."

En realidad, dos pensamientos bíblicos están incluidos en esta declaración: (1) La muerte se introdujo debido al pecado, y (2) la muerte fue universal en que todos los hombres estaban sujetos a ella. El segundo es resultado natural del primero puesto que "todos han pecado y están destituidos de la gloria de Dios."

El hecho que necesita énfasis positivo es que la muerte fue introducida como castigo del pecado. El decreto de Dios al hombre había sido, "pero del fruto del árbol que está en medio del huerto dijo Dios: No comeréis de él, ni le tocaréis, para que no muráis" (Génesis 3:3). La desobediencia del hombre fue un acto deliberado con el conocimiento de las consecuencias. Fue "por un hombre" que el pecado, y la muerte como resultado del pecado, entraron

Capítulo El Doce

al mundo. Pero que la muerte "pasó a todos los hombres" porque todos los hombres desde entonces han seguido en los pasos de Adán y han pecado.

Este punto de vista contrasta con el pensamiento liberal de comentaristas modernos. Representativo de éstos es C.H. Dodd quien en su comentario sobre el libro de Romanos dijo del concepto de Pablo, "Obviamente no podemos aceptar tal especulación como explicación sobre el origen de la muerte, la cual es un proceso natural inseparable de existencia orgánica en el mundo que conocemos, y desprovisto de significado moral." Tal refutación del argumento de Pablo va en contra de las enseñanzas de la Palabra de Dios e ignoran la influencia divina en la producción de las Escrituras. El origen de la muerte, sin lugar a dudas, está ligado al pecado por la Palabra de Dios, y sí, tiene un profundo significado moral. Cualquier otro punto de vista fuera de éste niega la enseñanza de la Palabra inspirada de Dios.

Otra falacia que se debe evitar es que el pecado de Adán sólo afectó al hombre como mal ejemplo. Esta enseñanza dice que Adán era un hombre sobresaliente y representativo, y que él influyó a muchos para mal. También enseña que Jesús era un hombre representante y sobresaliente con influencia contraria (positiva). Ambos han perpetuado su influencia durante grandes períodos de la civilización. En realidad, hay mucho más involucrado que esto. El pecado de Adán hizo más que sólo crear un ejemplo para otros hombres, y Jesús hizo más que poner un ejemplo moral para el hombre. Como dice el *Tratado,* "Como consecuencia de la primera transgresión, el estado bajo el cual la posteridad de Adán vino a este mundo es tan distinto al de Adán que no tienen aquella justicia y pureza que Adán tuvo antes de la caída, ellos no están dispuestos a obedecer a Dios, sino que están inclinados al mal." La influencia de Cristo no tiene ningún efecto sobre el hombre excepto cuando un hombre acepta "la redención efectuada por la sangre de Cristo."

Hay ciertas consecuencias naturales que son parte de la pena del pecado. Pero la pena completa es de una naturaleza específica descrita en la Palabra de Dios. La palabra específica que describe aquella pena sobre el pecado es muerte. Aquella muerte es la expresión de la ira santa de Dios sobre el pecador.

Se debe describir la muerte en tres aspectos:

1. La muerte física es la separación del alma y el cuerpo, y marca el fin de la vida terrenal del hombre. Es posible preservar el cuerpo hasta cierto punto, pero es carente de vida. Esta es la muerte que se menciona en Génesis 3:19 donde dice, "Con el sudor de tu rostro comerás el pan hasta que vuelvas a la

tierra, porque de ella fuiste tomado; pues polvo eres, y al polvo volverás." Esta es la muerte descrita en el refrán constante en el capítulo 5 de Génesis, "y murió" (v.5, 8, 11, 14, 17, etc.).

El carácter penal de esta muerte se ha removido para el creyente, porque Cristo sufrió la muerte como pena de nuestro pecado. Para el creyente, la muerte es solamente la puerta por la cual él entra a su existencia eterna. "Estar ausentes del cuerpo, y presentes al Señor" (2 Corintios 5:8). Con Pablo podemos decir "el morir es ganancia" (Filipenses 1:21).

2. La muerte espiritual es la separación del alma de Dios. La muerte física es de poca consecuencia en contraste con la muerte espiritual. La pena anunciada por Dios en Edén era primordialmente la muerte del alma (Génesis 2:17; 3:3). Puede ser que Pablo estuviera hablando principalmente de ese aspecto de la muerte cuando escribió, "para que, así como el pecado reinó para muerte, así también la gracia reine por la justicia para vida eterna mediante Jesucristo, Señor nuestro" (Romanos 5:21). El hombre muerto, espiritualmente hablando, puede renacer y encontrar vida en Jesucristo. Esta es la muerte de la cual Jesús habló con Nicodemo cuando dijo "Os es necesario nacer de nuevo" (Juan 3:7).

Fue por causa de la muerte que el hombre perdió la presencia y el favor de Dios. Como Jesús dijo, "Dios es Espíritu; y los que le adoran, en espíritu y en verdad es necesario que adoren" (Juan 4:24). El hombre espiritualmente muerto no tiene conocimiento de Dios, ni deseo de Dios. Solo a través de una resurrección a vida nueva, un despertar espiritual, puede el hombre tener el favor restaurado en la presencia de Dios.

3. La muerte eterna es la finalización y culminación de la muerte espiritual. El hombre que permanece no renacido espiritualmente al morir, entra a un estado de muerte eterna. En la muerte física el pecador entra a una condición de separación eterna de Dios. Este estado está lleno de remordimiento y terribles castigos externos, según la Palabra de Dios. Jesús describió el lugar de muerte eterna como uno de "fuego eterno" (Mateo 25:41). Pablo lo llamó, "pena de eterna perdición, excluidos de la presencia del Señor y de la gloria de su poder" (2 Tesalonicenses 1:9). Es, entonces, eterno y sin remedio.

Muchas preguntas se han hecho sobre el estado del hombre entre la muerte física y el momento que entra a su recompensa eterna, o en el cielo o en el infierno. Es evidente que el alma no deja de existir. De las Escrituras podemos inferir que el alma del justo, el que es renacido espiritualmente, entra a un estado de bendición y felicidad. No hay mejor ilustración que la de Lázaro

Capítulo El Doce

en la historia del hombre rico y Lázaro. El lugar donde Lázaro descansaba en el seno de Abraham está en gran contraste con el lugar donde fue el hombre rico. Lázaro estaba en condiciones ideales y no le faltaba nada.

El alma del malo, el que está muerto en transgresiones y pecados, entrará a un estado de miseria. Esta condición desdichada está ilustrada en la situación donde existía el hombre rico. Es un lugar de tormento y malestar, y parecido al estado eterno al cual el malo va después del juicio.

No hay purgatorio o condición neutral donde la condición del alma está sin resolver. La condición en que la muerte encuentra al alma es la condición en la cual entrará a la eternidad y permanecerá para siempre. No hay probación o segunda oportunidad. Las oraciones a favor del muerto son en vano y no cambiará su condición.

Otras dos doctrinas falsas son rechazadas por los bautistas libres. Una es la que dice que el alma es inconsciente o está dormida al morir, y que permanece en esta condición dormida hasta la resurrección. La otra enseña la aniquilación, que el alma del malo será destruida por los fuegos del juicio y deja de existir. Nosotros creemos que el alma de cada persona existirá eternamente, o en el infierno o en el cielo, luego del juicio.

II. LA VENIDA DE CRISTO COMO ESPERANZA DEL CREYENTE
   (2 Tesalonicenses 1:5-10)

La segunda venida de Cristo es "la esperanza bienaventurada" del creyente. Está puesta como el evento clave en el fin y la terminación del tiempo. Aunque el liberalismo ha interpretado este evento como algo más de un retorno literal y visible, para los bautistas libres sigue siendo una de las verdades fundamentales de la fe.

Esta doctrina es suficientemente importante en las Sagradas Escrituras para ser mencionada en por lo menos 1 de cada treinta versículos. Para cada mención de la primera venida de Cristo, hay ocho referencias a su segunda venida. Pasajes largos en las enseñanzas de Cristo y otros escritos en el Nuevo Testamento hacen referencia a ella. De hecho, los libros enteros de I y II Tesalonicenses están dedicados al tema de la segunda venida. Todo esto sin mencionar la relación que tiene con el libro entero de Apocalipsis.

El pasaje en 2 Tesalonicenses 1:5-10 es típico de aquellos que se refieren a la segunda venida. En este pasaje Pablo menciona algunas de las cosas claves que estarán relacionadas a la venida de Cristo.

1. "Cuando se manifieste el Señor Jesús desde el cielo" (v. 7). No hay duda de que Pablo creía que Jesús literalmente venía otra vez. Seguramente había oído de los apóstoles y había creído las palabras de los ángeles en la ascensión de Cristo cuando dijeron, "Este mismo Jesús, que ha sido tomado de vosotros al cielo, así vendrá como le habéis visto ir al cielo" (Hechos 1:11). Jesús mismo había dado testimonio de su regreso cuando dijo, "voy, pues, a preparar lugar para vosotros. Y si me fuere y os preparare lugar, vendré otra vez, y os tomaré a mí mismo, para que donde yo estoy, vosotros también estéis" (Juan 14: 2, 3).

2. Jesús será acompañado "con los ángeles de su poder." Las huestes del cielo acompañarán al Cristo victorioso en su retorno. Tendrán un propósito especial al estar con Él. Hablando de ese tiempo, Jesús había dicho, "Enviará el Hijo del Hombre a sus ángeles, y recogerán de su reino a todos los que sirven de tropiezo, y a los que hacen iniquidad, y los echarán en el horno de fuego" (Mateo 13:41, 42). Jesús también dijo, "Así será al fin del siglo: saldrán los ángeles, y apartarán a los malos de entre los justos" (Mateo 13:49).

3. Jesús dará "retribución a los que no conocieron a Dios" y los castigará con "pena de eterna perdición excluidos de la presencia del Señor." La cuestión de juicio sobre los injustos es un tema que se tocará un poco más tarde, pero es importante notar aquí que es un evento vitalmente relacionado con la segunda venida. El padecimiento de los santos sugiere que habrá un tiempo de recompensa del mal sobre los injustos. Aquel día cuando todas las cosas se pongan bien seguirá la segunda venida.

4. Jesús será "glorificado en sus santos." Cada creyente está destinado a ser "participante de la gloria que será revelada" (I Pedro 5:1). Se nos dice que el Dios de toda gracia "nos llamó a su gloria eterna en Jesucristo" (I Pedro 5:10). El propósito primordial de Dios es de desplegar su gloria. El clímax, pues, de toda creación vendrá cuando los santos compartirán como coherederos con Cristo en aquel cielo que demostrará la gloria plena de Dios.

El Tratado de Los Bautistas Libres contiene básicamente lo que decían los versículos de Pablo. Esa declaración lee: "El Señor Jesucristo, quien ascendió a las alturas y se sentó a la diestra de Dios, vendrá otra vez para cerrar la dispensación del evangelio, glorificar a sus santos, y juzgar al mundo." Estas palabras expresan una creencia en el retorno literal, personal y corpo-

Capítulo El Doce

ral de Cristo. Están en contraste a las creencias de aquellos que interpretan la segunda venida como referencia a otra cosa. Algunas cosas que han sido usadas como la segunda venida son: (1) la venida del Espíritu Santo, (2) la venida de Cristo a una vida cuando ocurre la salvación, (3) la muerte de un santo cuando éste vaya para estar con Cristo, o (4) la conversión del mundo.

Las enseñanzas de Pablo sobre una venida literal de Cristo son claras. Escribió a los tesalonicenses que "Porque el Señor mismo con voz de mando, con voz de arcángel, y con trompeta de Dios, descenderá del cielo; y los muertos en Cristo resucitarán primero. Luego nosotros los que vivimos, los que hayamos quedado, seremos arrebatados juntamente con ellos en las nubes para recibir al Señor en el aire" (I Tesalonicenses 4:16, 17). Él habla de "la venida de nuestro Señor Jesucristo" (5:23) como algo que no podría suceder sin la persona de Cristo. Menciona como los santos de Dios "esperan de los cielos a su Hijo" (1:10; 3:13; 4:16).

Los autores de los demás libros del Nuevo Testamento están de acuerdo con el punto de vista de Pablo. La declaración de Santiago no se puede interpretar de otra manera que una venida personal (5:7, 8). Pedro se encontró con burladores en su día que preguntaron, "¿Dónde está la promesa de su advenimiento?" (II Pedro 3:4). Él lo describió en términos específicos "El día del Señor vendrá como ladrón en la noche" (3:10). Siguió describiendo los terrores de aquel día. En su primera epístola escribió, "Y cuando aparezca el Príncipe de los pastores, vosotros recibiréis la corona incorruptible de gloria" (I Pedro 5:4). Juan esperaba una venida personal, o de otra manera no hubiera exhortado a los creyentes a "permaneced en él, para que cuando se manifieste, tengamos confianza, para que en su venida no nos alejemos de él avergonzados" (I Juan 2:28). Judas, también, debe haber creído en un retorno literal. Citando a Enoc, escribió, "He aquí, vino el Señor con sus santas decenas de millares" (v. 14).

El retorno de Cristo "cerrará la dispensación del evangelio." Muchos autores han procurado poner su esquema de la secuencia de eventos en los últimos tiempos. Esquemas elaborados, supuestamente basados en las Escrituras, han sido trazados, y muchos son impresionantes. Los múltiples puntos de vista sobre los eventos relacionados a la segunda venida han llevado a fuertes choques en algunos círculos. Los bautistas libres generalmente pueden ser clasificados como amilenialistas o premilenialistas en sus creencias sobre las últimas cosas. Los amilenialistas no creen en un reino literal de Cristo durante mil años sobre la tierra. Los premilenialistas creen que Cristo reinará sobre la tierra por mil años en un reino casi ideal en el cual los judíos saldrán como una fuerza de creyentes.

A pesar de los eventos particulares relacionados a la segunda venida, sobre las preguntas básicas los bautistas libres están en estrecha armonía. La denominación enseña que la venida de Cristo es inminente. No hay fecha dada en las Escrituras que nos indique exactamente el tiempo del evento. Se declara que está más allá del conocimiento del hombre y de los ángeles (Mateo 24:36). La Palabra revelada sí menciona que habrá señales que indicarán que el regreso de Cristo está cerca. La apostasía y el abandono de la fe precederán el evento (I Timoteo 4:1, 2; 2 Timoteo 3:1-5). De hecho, Pablo comentó que ese día, "no vendrá sin que antes venga la apostasía" (2 Tesalonicenses 2:3). Jesús indicó que habría una predicación generalizada del evangelio a todo el mundo como una señal del retorno de Cristo (Mateo 24:14).

En la situación actual, parece que no hay nada que impida el retorno inmediato de Cristo a la tierra. Jesús quería que cada creyente de cada edad anticipara su regreso en cualquier momento. Pablo y otros padres de la iglesia primitiva no estaban en error al creer que Cristo podía regresar durante su vida. Parece que el Señor dio la promesa de su venida y dejo la cronología de su venida indefinida con un propósito. Los creyentes no deben relajar nunca su corazón de peregrino porque "el Hijo del Hombre vendrá a la hora que no pensáis" (Mateo 24:44). La admonición para cada creyente se da en estas palabras de Jesús: "Velad, pues, porque no sabéis el día ni la hora en que el Hijo del Hombre ha de venir" (Mateo 25:13).

Pedro usó el regreso inminente del Señor como incentivo para una vida santa. Escribió de la segunda venida y luego dijo a sus lectores, "Por lo cual, oh amados, estando en espera de estas cosas, procurad con diligencia ser hallados por él sin mancha e irreprensibles, en paz" (2 Pedro 3:14).

Sobre los siguientes puntos, casi todos los bautistas libres estarían de acuerdo: (1) Jesús literalmente vendrá otra vez, de igual manera en que se fue. (2) Su venida puede ser en cualquier momento. No hay nada que ninguno de nosotros pudiera poner como impedimento a un regreso inmediato y pronto. (3) Los creyentes han de mantener corazones expectantes. La creencia en su regreso inminente debe de animarnos a mantener nuestros corazones puros. Este pensamiento debe motivarnos al evangelismo y a un deseo profundo de ganar un mundo perdido antes de que sea tarde. (4) Cuando Jesús venga, el juzgará al mundo. Cada hombre será juzgado y recibirá una justa recompensa de acuerdo a cómo ha respondido a Dios y a Su Palabra. Los santos serán

Capítulo El Doce

glorificados y llevados a su eterno hogar en Cristo. Los juzgados indignos serán echados a las tinieblas de afuera donde habrá el lloro, el gemir y el crujir de dientes.

III. LA RESURRECCION DEL CUERPO (I Corintios 15; 2 Corintios 5:1-9)

Las grandes verdades de la Biblia generalmente tienen por lo menos una sección de las Escrituras dedicada casi exclusivamente a cada una de ellas. Cuando se menciona la resurrección, cada estudiante de la Biblia piensa inmediatamente en I Corintios 15. Es en ese pasaje que Pablo da una discusión amplia del tema. En ninguna otra parte hay una cobertura tan amplia a la resurrección.

La doctrina de la resurrección de los hombres depende de la verdad de la resurrección de Cristo. En verdad, todas las doctrinas del cristianismo dependen del factor clave de la verdad cristiana. Aun en el tiempo de Pablo, había aquellos que difamaban esta doctrina. Pablo también presentó el argumento que "Y si Cristo no resucitó, vana es entonces nuestra predicación, vana es también vuestra fe" (I Corintios 15:14). No podemos coincidir con los clérigos modernos que sólo presentan un Cristo humano y solo tienen esperanza en un hombre muerto. Como Pablo escribió, "Si en esta vida solamente esperamos en Cristo, somos los más dignos de conmiseración de todos los hombres" (15:19).

El *Tratado* dice sobre la futura resurrección: "Las Escrituras enseñan la resurrección del cuerpo de todos los hombres, cada uno en su propio orden; aquellos que hicieron bien saldrán a resurrección de vida, más los que hicieron mal a resurrección de condenación."

Todos los hombres tienen que morir. El cuerpo humano, debido al pecado está sujeto a la muerte. Pero las Escrituras enseñan específicamente que la muerte no es el final. El hombre será resucitado corporalmente en el tiempo del fin.

Aunque creemos que los cuerpos de los hombres serán resucitados, esto no significa necesariamente que el hombre saldrá con el cuerpo exacto que poseía cuando murió. Para el creyente, Pablo enseñaba que Dios "transformará el cuerpo de la humillación nuestra, para que sea semejante al cuerpo de la gloria suya" (Filipenses 3:21). Aunque hay alguna conexión, Pablo enseñó que "lo que siembras no es el cuerpo que ha de salir" (I Corintios 15:37).

Continuó explicando que "Se siembra en corrupción, resucitará en incorrupción. Se siembra en deshonra, resucitará en gloria; se siembra en debilidad, resucitará en poder. Se siembra cuerpo animal, resucitará cuerpo espiritual. (v. 42-44). Describe el cuerpo como algo incorruptible, gloriosos, poderoso, y espiritual en contraste con el cuerpo humano natural que llevamos ahora. En el versículo 49 dice que "como hemos traído la imagen del terrenal, traeremos también la imagen celestial." Este es el que se conforma a Su cuerpo gloriosos (Filipenses 3:21).

Algunos han insistido en la interpretación de que el cuerpo nuestro será como el cuerpo de Cristo después de su resurrección. El cuerpo del creyente seguramente se va a parecer a aquel cuerpo de Cristo, pero no en cada detalle. Sus apariciones fueron ante ojos humanos, y algunos detalles de esas apariciones tal vez fueron solo para el beneficio de ellos – su audiencia terrenal. Cuando nosotros recibimos nuestro cuerpo nuevo, no serán observados con ojos terrenales, sino tan solo ojos espirituales.

El cuerpo del creyente no será de carne y sangre (v. 50). Aunque será un cuerpo espiritual, no será menos real que nuestro cuerpo natural. Ya no tendrá tendencias humanas y de cada manera se adaptará a un entorno celestial (v. 44). Ya no más sujeto a la muerte, vivirá en perfecto acuerdo con nuestra morada celestial.

Las Escrituras no dan mucha luz acerca de la naturaleza del cuerpo del inconverso, como en el caso del creyente. Las Escrituras sí enseñan que los cuerpos de los malos serán resucitados. Jesús dijo, "No os maravilléis de esto; porque vendrá hora cuando todos los que están en los sepulcros oirán su voz; y los que hicieron lo bueno, saldrán a resurrección de vida; más los que hicieron lo malo, a resurrección de condenación" (Juan 5:28, 29). Pablo enseñaba que "ha de haber resurrección de los muertos, así de justos como de injustos" (Hechos 24:15).

El cuerpo de los malos seguramente será diferente del creyente. El cuerpo del creyente necesariamente será adaptable a su entorno espiritual y celestial. El cuerpo del malo será aquel que correspondería a la "resurrección de condenación." Puesto que ellos "tendrán su parte en el lago que arde con fuego y azufre (Apocalipsis 21:8), su cuerpo tendrá que ser adecuado para tal morada. Esta "muerte segunda" que Jesús describe como destrucción de cuerpo y alma es eterna destrucción (Mateo 10:28). Puesto que es una muerte eterna (tal como el creyente tiene vida eterna), debe involucrar muerte eterna y todos los horrores que acompañan la muerte y destierro de la presencia de Dios.

Capítulo El Doce

El punto principal de la doctrina de la resurrección es que la muerte no termina la existencia del hombre. Por supuesto, esta doctrina es acorde con todas las enseñanzas de la Palabra de Dios. Dios creó al hombre con cualidades que no morirán, y le asignó una eterna existencia bajo condiciones ideales. Aunque el hombre pecó y perdió esperanza en aquella existencia eterna, la esperanza ha sido restaurada por Jesucristo. Por la reconciliación efectuada por la sangre derramada de Cristo, el hombre puede ser restaurado a esperanza de vida eterna. Jesús conquistó la muerte para el hombre, y la muerte no tiene ningún reclamo válido sobre él. Como Cristo fue resucitado, nosotros también podemos participar en la resurrección por fe en Cristo.

IV. EL JUICIO COMO EL TIEMPO EN EL CUAL LA PRUEBA SERA CERRADA PARA SIEMPRE (2 Corintios 5:10)

Estrechamente relacionada con las doctrinas de la muerte, la resurrección y la Segunda Venida, está la doctrina del juicio. La Biblia está llena de este tema recurrente. La doctrina del juicio como está revelada en la Palabra de Dios le da al hombre una comprensión definitiva de aquello que su consciencia le testifica. En cada época del hombre, la historia muestra que la raza humana ha creído en un tiempo cuando habría un juicio y retribución sobre las malas obras de los hombres. Los corazones y las consciencias de los hombres universalmente anticipan ese juicio.

El *Tratado* dice, "Habrá un juicio, cuando el tiempo y la prueba del hombre se cerrarán para siempre. Entonces todos los hombres serán juzgados según sus obras." Aunque los bautistas libres difieren en su interpretación de esta afirmación, todos están de acuerdo con los dos hechos básicos ahí: (1) habrá un juicio para todos, y (2) todos han de ser juzgados.

El autor del libro de Eclesiastés escribió: "Porque Dios traerá toda obra a juicio, juntamente con toda cosa encubierta, sea buena o sea mala" (12:14). Esta fue su conclusión tras investigar todos los caminos del hombre. Él también enseñaba dos hechos principales: Habrá un juicio: hombres buenos y malos serán juzgados.

El libro de Job se escribió probablemente para explicar la aparente injusticia en la vida. Los malos prosperaban mientras que el justo frecuentemente sufría y no había retribución para su bondad en esta vida. Fue a través de sus sufrimientos que llegó a darse cuenta que un día un Redentor suplicaría su causa y arreglaría cuentas, especialmente en la desigualdad de justicia en esta vida (Job 9:32; 19:25).

El salmista también reconoció que habría un juicio futuro cuando Dios intervendría y traería al hombre a cuentas por sus obras. Escribió, "Porque vino a juzgar la tierra. Juzgará al mundo con justicia, y a los pueblos con su verdad" (96:13). Y otra vez hay dos hechos que predominan: (1) habrá un juicio, y (2) "la tierra" y "la gente" serán universalmente juzgadas.

El Nuevo Testamento está lleno de referencias al juicio. Pablo, en su mensaje a los atenienses dijo, "por cuanto ha establecido un día en el cual juzgará al mundo con justicia, por aquel varón a quien designó" (Hechos 17:31). A los dos hechos que sobresalen de los pasajes previos, algo nuevo se añade. Esto es que el juez será "aquel varón a quien designó." Pablo mencionó en otra parte sobre "el día en que Dios juzgará por Jesucristo los secretos de los hombres" (Romanos 2:16). Jesús mismo había revelado que "el Padre a nadie juzga, sino que todo el juicio dio al Hijo" (Juan 5:22).

El *Tratado* dice que "Entonces todos los hombres serán juzgados según sus obras." Juan, en Apocalipsis da un vistazo breve a una escena de juicio. Escribió, "Y vi a los muertos, grandes y pequeños, de pie ante Dios; y los libros fueron abiertos, y otro libro fue abierto, el cual es el libro de la vida; y fueron juzgados los muertos por las cosas que estaban escritas en los libros, según sus obras" (20:12). Las "obras" aquí ciertamente significan conformidad a las enseñas de Jesús y las condiciones de salvación. El concepto se repite en muchos lugares. Por ejemplo, Pablo lo introdujo en su carta a los corintios. Él dijo, "Porque es necesario que todos nosotros comparezcamos ante el tribunal de Cristo, para que cada uno reciba según lo que haya hecho mientras estaba en el cuerpo, sea bueno o malo" (2 Corintios 5:10).

La severidad del juicio se resalta en muchas Escrituras. A profesantes falsos que aún han hecho obras milagrosas en su nombre, se les dirá "Apartaos de mí, hacedores de maldad" (Mateo 7:23). Los representados como cabritos a su mano izquierda en aquella escena grande de juicio, escucharán las palabras pronunciadas, "Apartaos de mí, malditos, al fuego eterno preparado para el diablo y sus ángeles" (Mateo 25:41).

Las obras de un hombre no solo serán aquellas expresiones externas de su vida, las cuales podemos ver. Los secretos del corazón y alma de cada uno también serán tomados en cuenta. El Juez tomará nota de los elementos más internos de cada vida; los impulsos, los motivos, los pensamientos. Será mucho más estricto que lo que muchos esperan. Jesús dijo que aún de "toda palabra ociosa que hablen los hombres, de ella darán cuenta en el día del juicio" (Mateo 12:36).

El creyente en Cristo tiene que comparecer ante el juicio también, pero el juicio para él, no ha de dar cabida a temor. Es el corazón del inconverso que debe de preocuparse. El juicio sólo abrirá la eternidad de desgracia para él.

13

El pacto de nuestra iglesia

Trasfondo

Un pacto es un acuerdo, al cual dos personas han entrado, o entre una persona y varias personas, entre una o más personas y Dios, o un acuerdo mutuo entre varias personas.

No hay nada nuevo en la idea de pacto, pues su historia se puede fechar aun entre gente primitiva. Muchos métodos curiosos de adoptar un pacto son conocidos en la historia.

Grupos eclesiásticos además de los bautistas libres tienen sus pactos, y algunos de ellos son parecidos al nuestro. No somos tan raros, por lo tanto, al tener un pacto eclesiástico. Más bien, sería un poco extraño si no lo tuviéramos.

El *Tratado* declara que aquellos que desean ser miembros de nuestras iglesias deben, entre otras cosas, aceptar nuestro Pacto. Sin embargo, ¿cuántos bautistas libres realmente conocen el Pacto?

Nuestro Pacto contiene muchas promesas sobresalientes que reflejarían un mayor apoyo del programa mundial de Dios, si cada bautista libre fielmente las guardara. Hay muchas áreas de la vida cristiana que están incluidas en el Pacto, áreas frecuentemente que son descuidadas.

Un estudio del Pacto tal como el que se presenta aquí podrá ser una manera efectiva de recordarnos a todos de nuestra obligación a Dios y a cada hermano.

Capítulo Trece

Una resolución interesante fue aprobada por la décima tercera conferencia general de los bautistas libres en Sutton, Vermont, el 6 de octubre de 1847, y dice así:

"Como existe en la denominación una diferencia de opinión en relación a la conveniencia de usar pactos escritos en nuestras iglesias, y el establecimiento de nuestra escuela bíblica (teológica), por lo tanto que se resuelva que tal diferencia de opinión no debe crear una brecha de comunión cristiana o eclesiástica, sino que los hermanos que tal vez tengan diferentes opiniones sobre estos puntos, deben practicar tolerancia mutua, y procurar expresar su criterio con candor, amabilidad cristiana y cortesía."

Es difícil ver por qué alguien podría objetar a nuestro Pacto.

BOSQUEJO

I. **El regalo de nosotros mismos (I Tesalonicenses 1:1-7)**
II. **Abstinencia de prácticas pecaminosas (I Tesalonicenses 1:8-10)**
III. **La promesa de santificación (Filipenses 1:1-7)**
IV. **El sostén de la iglesia (2 Corintios 11:7-11)**
V. **El mutuo cuidado de miembros (Gálatas 6:1-10)**
VI. **La extensión del reino (Colosenses 1:1-8)**
VII. **El sostén de empresas denominacionales (Filipenses 4:2; Romanos 16:1, 2; Tito 3:1-3)**

INTRODUCCION

Este capítulo es un estudio del Pacto de la Iglesia Bautista Libre. Es algo muy descuidado en muchas de nuestras iglesias. Muchos han sido recibidos como miembros sin darse cuenta de la existencia del Pacto. Tristemente, numerosos miembros no han "tomado" el Pacto, aunque están supuestamente obligados a él con los demás miembros de la iglesia. La aceptación del Pacto debe solemnizar la entrada de cada creyente nuevo a la membresía en la iglesia. Conviene que el Pacto se lea frecuentemente para mantener a todos los miembros al tanto de sus obligaciones solemnes unos a otros, a su iglesia y mayormente a Cristo.

Un pacto es un convenio mutuo entre dos partes o más. Usualmente obliga a las partes individuales a cumplir ciertas condiciones y promete ciertas ventajas a cada parte. Un pacto no es un credo. Un credo es una declaración de creencia y promesa a esas creencias, que distingue a los que lo toman de otros. El Pacto de la Iglesia Bautista Libre no se constituyó para presentar doctrina, pero sus condiciones y promesas sí presentan doctrinas que distinguen a los bautistas libres de aquellos que no se aferran a esos principios. Lealtad a ese pacto le hará a uno un fiel siervo de los principios de Cristo.

I. EL REGALO DE NOSOTROS MISMOS
(I Tesalonicenses 1:1-7)

Pablo elogió a los macedonios y testificó de ellos que "a sí mismos se dieron primeramente al Señor, y luego a nosotros por la voluntad de Dios" (2 Corintios 8:5). Ese elogio de parte de Pablo probablemente sirvió a nuestros padres como ejemplo cuando escribieron al preámbulo a nuestro Pacto. Este preámbulo está de acuerdo con la Palabra de Dios de otras maneras también. Por ejemplo, se mantiene el orden correcto de fijar nuestra devoción. Los demás le siguen a Él. Sin embargo, es importante tener ambos en nuestra perspectiva. Amar a Dios y al prójimo era el concepto de Jesús para cumplir los mandamientos de Dios. Y Juan nos enseñó, "Si alguno dice: Yo amo a Dios, y aborrece a su hermano, es mentiroso. Pues el que no ama a su hermano a quien ha visto, ¿cómo puede amar a Dios a quien no ha visto?" (I Juan 4:20)

Está también de acuerdo con la Palabra de Dios en que obra para la unidad del cuerpo de Cristo. Jesús oró por nosotros, "Que todos sean uno" (Juan 17:21). Es la voluntad de Dios que estemos atados en la unidad espiritual. Este Pacto es una señal externa de aquella unidad espiritual que sentimos porque estamos unidos en Él.

Las dos bases para este Pacto se mencionan en el preámbulo. Son: (1) "fe en Cristo" y (2) la adopción de "la Palabra de Dios como nuestra regla de fe y práctica." Los bautistas libres comparten una común fe en Cristo. La evidencia de fe en Cristo es el único prerrequisito para membresía en nuestra iglesia. Pero creemos en una fe viva y vital que se apropia la gracia de Dios y que se expresa en una vida transformada.

El aceptar la Palabra de Dios como regla de fe y práctica también une a los bautistas libres unos a otros. Para nosotros, la Palabra de Dios es sagrada porque contiene la revelación de Dios al hombre en relación a lo que él necesita saber acerca de Dios, de cómo ser salvo, y de cómo ir al cielo. Nada sustituye la Palabra de Dios como autoridad en cuanto a fe y práctica. La Ciencia Cristiana mira a la *Clave a las Escrituras Sagradas* por Mary Baker

Eddy. Los mormones miran al *Libro de Mormón*. Los católicos tienen la autoridad de los cleros que sustituye la Palabra de Dios. Pero para los bautistas libres, la Biblia es "la regla y guía infalible y suficiente para la salvación, la adoración y el servicio cristiano."

Este pasaje en I Tesalonicenses 1:1-7 da una perspectiva acerca de la intimidad de la comunión cristiana. Pablo, Silas y Timoteo eran evangelistas para Cristo, pero daban gracias a Dios por las iglesias (v.2), y siempre oraban por ellas. Recordaban "la obra de vuestra fe, el trabajo de vuestro amor, y ... vuestra constancia en la esperanza" y cómo se relacionaban a su trabajo. El estar unidos se ve en el hecho de que Pablo les dijo a los creyentes tesalonicenses que "y vosotros vinisteis a ser imitadores de nosotros," (v.6) y "habéis sido ejemplo a todos de Macedonia y de Acaya" (v.7). Esto ejemplifica lo que Pablo dice aquí. Estos evangelistas creían y llevaban la Palabra a otros en su país. Así las vidas se vinculaban mientras que la fe se regaba de un corazón a otro. Debido a esa dependencia de unos a otros, nosotros debemos darnos constantemente unos a otros para crecimiento mutuo en la fe.

El Pacto es solemne debido a su gravedad. Es importante que los creyentes se den cuenta de sus obligaciones a Dios y a sus hermanos. Este Pacto hace público aquellos vínculos y obligaciones, los cuales nos unen unos a otros y nos dan una base para servicio futuro.

II. ABSTINENCIA DE PRACTICAS PECAMINOSAS (II Tesalonicenses 1:8-10)

Hay cuatro promesas hechas en el segundo párrafo. Estas son: (1) amarle y obedecerle en todas las cosas, (2) evitar toda apariencia de maldad, (3) abstenernos de toda diversión pecaminosa y de toda conformidad con el mundo, abstenernos del uso y venta de bebidas alcohólicas, y (4) procurad lo bueno delante de todos los hombres."

Noten que hay dos afirmaciones positivas y dos negativas expresadas: amarle y obedecerle y ser honesto son los positivos, evitar toda apariencia de maldad y abstenerse de males particulares constituyen los negativos. Cada uno de estos contribuirá de una manera significativa al logro de abstinencia de prácticas pecaminosas.

"Amarle y obedecerle en todas las cosas," es simplemente el guardar el primer y más grande de los mandamientos. Desde el principio esto ha sido revelado como el plan de Dios para el hombre. Fue debido a un fracaso en obedecer a Dios que el pecado entró a la raza humana. Cuando Dios luego dio el prefacio a la ley que reveló a Moisés, Él dijo, "si diereis oído a mi voz, y guardareis mi pacto, vosotros seréis mi especial tesoro sobre todos los pueblos…" (Éxodo 19:5). Fue Salomón quien posteriormente escribió "Teme a Dios, y guarda sus mandamientos; porque esto es el todo del hombre" (Eclesiastés 12:13).

Si el creyente ama a Dios, ese amor guiará a una vida de acción positiva para Cristo y a evitar pecados particulares. En el pasaje bíblico que se está estudiando ahora, Pablo les dijo a los tesalonicenses "cómo os convertisteis de los ídolos a Dios, para servir al Dios vivo y verdadero" (I Tesalonicenses 1:9). Volverse a Dios significa una decisión de parte de la persona que vuelve que Dios es digno sobre todos los dioses y merece su confianza. Requiere de la persona una aceptación de la revelación que Dios ha dado en su Palabra. La decisión de volver a Dios requiere que uno ame a Dios y el resultado natural de amor debe ser la obediencia.

Aquellos que "se convirtieron de los ídolos" sugiere volver del mal. La idolatría generalmente involucra la maldad moral. Aún los ritos y ceremonias religiosos involucran prácticas que los creyentes tendrían que evitar. El concilio de Jerusalén, al tratar el problema de los convertidos que dejaron los ídolos, exhortaron a los creyentes nuevos a "que os abstengáis de lo sacrificado a los ídolos, de sangre, de ahogado y de fornicación…" (Hechos 15:29). Estas eran cosas que tenían apariencia de mal. Los apóstoles sabían que la identificación con estas cosas marcaría al creyente con el mundo, y así se les exhortaba que las evitaran.

Santiago, en su descripción de "religión pura y sin mácula" animó al creyente a que se "guardarse sin mancha del mundo" (1:27). Si el creyente se asocia con el mal, llegará a ser "manchado." Un dicho antiguo decía, "Si andas con perros, se te pegarán las pulgas." Así es con la mundanalidad. El creyente tiene que evitar la misma apariencia de mal, o manchará su reputación como cristiano.

Lo que es considerado "diversión pecaminosa" ha pasado por muchos cambios en años recientes. En realidad, los jóvenes muchas veces viven perplejos mientras buscan pautas en la cuestión de diversiones. Una diversión pecaminosa sería cualquier recreo o placer que involucra mala moralidad, indecencia, deshonra a la causa de Cristo, o un conflicto con los valores espirituales. Pablo da dos principios para guiar a los creyentes: (1) "Ninguno busque su propio bien, sino el del otro" (I Corintios 10:24). Cualquier cosa que sea obstáculo a otros debe ser eliminada. Uno no puede permitirse dañar la consciencia de otros. (2) "Si, pues, coméis o bebéis, o hacéis otra cosa, hacedlo todo para la gloria de Dios" (I Corintios 10:31). Si algo no honra a Dios o al creyente como siervo de Dios, debe ser omitido de la vida de uno.

Pablo se expresó en forma definitiva al denunciar "toda conformidad al mundo." Escribió, "No podéis beber la copa del Señor, y la copa de los demonios (I Corintios 10:21). Hay tanta distinción entre los dos, que la participación con cualquiera nos marca como lo que realmente somos.

Una de las cosas que los bautistas libres se oponen es "al uso y venta de bebida alcohólicas." En un día de convicciones disminuyentes en cuanto al tomar bebidas alcohólicas y la influencia de la drogadicción, todavía insistimos que es mejor "ser llenos del Espíritu" e influenciado por Él, que llenarse de elementos que causan pérdida de control de nuestra voluntad y resultan en excesos que no le convienen al creyente.

El creyente ha de "procurad lo bueno delante de todos los hombres." El mundo comerciante, político y social es contantemente sacudido con revelaciones de gran deshonestidad. Esto aún afecta al mundo religioso. Pero la honestidad es la marca del cristiano auténtico. Debido a su adherencia a la verdad y a lo que es correcto, debe ser honesto con todos los hombres y consigo mismo. Mientras otros hacen trampa con los impuestos y cubren cuentas de gastos, él ve necesario ser verdadero consigo mismo. Honestidad completa en palabra, finanzas y obra encomienda el testimonio del creyente a todos los hombres.

III. LA PROMESA DE GUARDAR LA SANTIFICACION (Filipenses 1:1-7)

El tercer párrafo del Pacto trata del compromiso al crecimiento cristiano. Cubre las obligaciones de creyentes en (1) el estudio de las Escrituras, (2) la oración, tanto personal y familiar, y (3) La adoración. También incluye otras obligaciones que resultan en el crecimiento en la experiencia cristiana.

Pablo se refiere a los creyentes como "santos" en varios pasajes (Filipenses 1:1). Un santo es una persona santa (piadosa) o alguien que ha sido santificado. A los creyentes se les refieren como santos, porque la santidad ha sido imputada a ellos. Pero, aunque posicionalmente son santos y separados para Dios, su crecimiento en la gracia o la continuación en santificación es la voluntad de Dios. Es por eso que Pablo continúa en la carta a los filipenses diciendo, "estando persuadidos de esto, que el que comenzó en vosotros la buena obra, la perfeccionará hasta el día de Jesucristo" (1:6). Dios siempre obra en el creyente para traerle a la madurez espiritual.

El medio de ese crecimiento de parte del creyente siempre estará el estudio de las Escrituras, la oración, y la adoración. Es a través de las Escrituras que el Señor habla continuamente a los creyentes. La Biblia es el registro de la revelación progresiva de Dios de Sí mismo al hombre. Es importante para cada creyente saber lo que Dios ha revelado de Sí mismo, de nuestra salvación, y de la eternidad. No hay otra manera en que el hombre pueda aprender de estas cosas. Es por eso que Jesús insistía "Escudriñad las Escrituras, porque a vosotros os parece que en ellas tenéis la vida eterna, y ellas son las que dan testimonio de mí" (Juan 5:39). Esto es por lo que el salmista del Antiguo Testamento se regocijó en la Palabra de Dios, porque le reveló la ley de Dios y su voluntad a él (Salmo 119).

Dios le habla al hombre por la Palabra y el hombre tiene comunión con Él a través de la oración. Tanto la oración privada como la oración en comunidad son importantes. Jesús urgió la oración privada. Dijo, "Mas tú, cuando ores, entra en tu aposento, y cerrada la puerta, ora a tu Padre que está en secreto, y tu Padre que ve en lo secreto te recompensará en público" (Mateo 6:6). Es la oración de esta naturaleza la que elimina todo fingimiento. Si no tenemos cuidado, la oración pública se convierte más en una oportunidad para que la gente escuche, en vez de una conversación con Dios. Esto no es bueno. Pero cada creyente debe desarrollar una vida personal, diaria y constante de oración. Es por eso que Pablo animó a los creyentes a "(orar) sin cesar" (I Tesalonicenses 5:17).

El altar familiar debe ser parte del hogar de cada creyente. Las devociones familiares deben tener la oración y la lectura de la Biblia. Ha de ser un tiempo diario de adoración, el cual complementa los servicios semanales de la familia en la iglesia. Los padres que esperan que sus hijos sean seguidores de Cristo pueden efectivamente usar este tiempo para instrucción y entrenamiento.

El autor de la carta a los hebreos nos dio una amonestación que durará para siempre. Él urgió a los creyentes "no dejando de congregarnos, como algunos tienen por costumbre, sino exhortándonos; y tanto más, cuanto veis que aquel día se acerca" (Hebreos 10:25). Reconoció la necesidad de adoración social. La amonestación mutua y la adoración en grupo siempre fortalecen al creyente. El hombre es una criatura social, y la unión en adoración reúne al cuerpo de Cristo junto como nada más lo puede hacer. Una disminución de asistencia en la casa del Señor casi siempre es acompañada de un deterioro en la vida espiritual de uno. Cuando el salmista dijo, "Díganlo los redimidos de Jehová" (Salmo 107:2), debe haber estado refiriéndose al testimonio gozoso de creyentes en el culto de adoración.

La santificación resultará mientras que el creyente por "abnegación, fe, y buenas obras" procure crecer. El andar de un santo es el de uno que se niega a sí mismo como en el tiempo de Jesús y en todos los tiempos, el camino espiritual requiere auto-sacrificio. Cuando Jesús invitaba a sus seguidores, dijo, "Si alguno quiere venir en pos de mí, niéguese a sí mismo, y tome su cruz, y sígame" (Mateo 16:24).

Pedro escribió su segunda epístola para decir cómo crecer en la gracia y el conocimiento de Cristo. En el primer capítulo nos informa que la fe es solo el comienzo y que crecemos añadiendo otras virtudes cristianas a la fe del comienzo. Es Santiago quien nos enseña la relación correcta entre las buenas obras y la fe. Es por buenas obras que expresamos nuestra fe. Haciendo buenas obras, estamos conscientes que los principios de Cristo están activos en nosotros.

IV. EL SOSTEN DE LA IGLESIA
   (2 Corintios 11:7-11)

¿Cuál es la obligación del creyente a la iglesia? Tal pregunta no se puede contestar asistiendo a uno, dos o tres servicios durante la semana. La asistencia a los cultos no es la marca verdadera de la dedicación de uno a Cristo. La iglesia es el medio por el que Cristo ordenó que expresáramos nuestra experiencia cristiana y nuestro testimonio a los perdidos acerca de Él. Cuando uno se enamora de Cristo, la dedicación a las actividades de la iglesia debe de resultar naturalmente.

Una de las mejores maneras de comenzar nuestro apoyo a la iglesia es por nuestra presencia. El creyente debe asistir a todas las fases de los servicios de la iglesia. Esto incluye la Escuela Dominical, clases de entrenamiento, cultos de adoración, cultos de oración y conferencias. Cada uno de estos auxiliares ha sido constituido bajo el liderazgo del Espíritu Santo para hacer una contribución distinta a la vida de cada creyente. El cristiano completo sentirá una obligación con cada uno.

El pacto Bautista Libre urge, recomienda, la observancia de las ordenanzas, algunas iglesias enseñan que estas son esenciales a la salvación o son el medio de impartir la gracia al creyente. Nosotros creemos que son el deber y privilegio del creyente. Le fortalecen al traerle a un conocimiento mayor de lo que simbolizan. Ningún creyente puede practicarlas sin estar consciente de su significado. Lo que Jesús dijo del lavamiento de pies pudiera decirse de las demás ordenanzas: "si saben estas cosas, bienaventurados seréis si las hicieren" (Juan 13:17)

El deber y obligación de observar las ordenanzas no debe ser minimizado. Aunque no usemos la frase "esencial para la salvación," debemos reconocer que son esenciales a la obediencia a nuestro Señor Jesucristo. No es tanto que ellas nos recomiendan a Dios, sino que el observarlas trae una bendición al corazón del que obedece. Y mientras nosotros "mostramos su muerte" damos un testimonio al mundo alrededor de nosotros que le amamos y que somos sus siervos obedientes.

Nuestro Pacto compromete a cada miembro a "dar según nuestras posibilidades para el sostenimiento de la iglesia, de sus pobres y todas sus obras de benevolencia." En nuestros artículos de fe, se dice que creemos lo siguiente acerca de diezmar: "Dios exigió los diezmos y las ofrendas en el Antiguo Testamento; Jesucristo la aprobó en el Evangelio (Mateo 23:23) y el apóstol Pablo dijo "Cada primer día de la semana cada uno de vosotros ponga aparte algo, según haya prosperado" (I Corintios 16: 2ª). La manera más equitativa y sencilla de apoyar la iglesia es diezmar. El diezmo cumple la cláusula del Pacto, "según nuestras posibilidades."

Por supuesto, el diezmo debe ser una cantidad mínima a dar. La persona con menos obligaciones y mayor ingreso debe ser mayordomo generoso de aquello con que Dios le ha bendecido. No somos mayordomos del diez por ciento, sino del cien por ciento. Donde la habilidad permite, uno debe dedicar todo lo que puede al servicio de Cristo.

A veces, el dar será "más allá de la habilidad de uno," o sacrificialmente. Pablo elogió a los macedonios por tal ofrenda. Escribió "que, en su grande prueba de tribulación, la abundancia de su gozo y su profunda pobreza abundaron en riquezas de su generosidad. Pues doy testimonio de que con agrado han dado conforme a sus fuerzas, y aún más allá de sus fuerzas, pidiéndonos con muchos ruegos que les concediésemos el privilegio de participar en este servicio para los santos" (2 Corintios 8:2-4).

Capítulo Trece

"El que siembra escasamente, también segará escasamente; y el que siembra generosamente, generosamente también segará" (2 Corintios 9:6). Estas palabras de Pablo se muestran tan verdaderas en el mundo espiritual. Dar al servicio de Cristo es un servicio espiritual. Se recompensa con cosas espirituales. Pablo dijo que "la ministración de este servicio no solamente suple lo que a los santos falta, sino que también abunda en muchas acciones de gracias a Dios: (1) suple la necesidad de los santos, (2) "pues por la experiencia de esta ministración glorifican a Dios por la obediencia que profesáis al evangelio de Cristo" (2 Corintios 9:12, 13).

La iglesia tiene falta de finanzas porque la "ministración de este servicio" de dar no se logra. Dios no ha cambiado. Si los creyentes tan solo dieran como manda la Palabra de Dios, la bendición abundante prometido en Malaquías sería de ellos. El sostén de la iglesia y todas sus empresas se cubrirían. El sostén de los pobres sería cumplido por la iglesia en vez de una agencia gubernamental socialista. Toda la obra de benevolencia realizada en el nombre de Cristo por medio de la iglesia sería adecuadamente financiada.

La lealtad a la iglesia debe ser una expresión de nuestra lealtad a Cristo. Es posible confundir las dos, pero no debe ser así. La iglesia es el medio de Cristo para lograr Su misión en la tierra. Mientras seamos leales a la iglesia, debemos permitir que esto exprese nuestra lealtad a Él. Una ofrenda a la iglesia debe ser, en realidad, una ofrenda a Cristo. Toda nuestra asistencia y regalos deben ser motivados por amor a Cristo.

V. EL CUIDADO DE CREYENTES
   (Gálatas 6:1-10)

"¿Soy yo acaso guarda de mi hermano?" no fue esta una pregunta asilada hecha por una mente atormentada hace seis mil años. Es una pregunta que sigue resonando. El Pacto de la Iglesia de los bautistas libres hace evidente que hay un vínculo entre creyentes, el cual permite el cuidado, o exige esta preocupación los unos por los otros. El Pacto cambia para decir que "Convenimos en aceptar la admonición y represión cristiana con mansedumbre." No es difícil reprender a otros. De hecho, algunas personas se deleitan en hacerlo. Es un poco curioso que a veces el que fácilmente regaña a otros, no puede aceptar la corrección él mismo.

El Pacto de la Iglesia pone el énfasis en el punto clave. Si nos dijera que "amonestáramos y reprendiéramos a otros a otros, iría contra la amonestación bíblica que dice "no juzguéis." Hay que ejercer cuidado a no ser que nos convirtamos en jueces. A nadie le gusta la represión. Es natural resentirla. Pero el creyente debe tomar admonición y represión "con mansedumbre." Aunque no estuviéramos de acuerdo con el que nos corrige, es nuestro deber escuchar su regaño, examinarnos a nosotros mismos, y pesar sus palabras con cuidado.

Varias otras promesas también están incluidas en este párrafo en relación a este pensamiento. Notemos cada una de ellas.

1. "Velar los unos por los otros en amor." Pablo nos dijo que no "debáis a nadie nada, sino el amarnos unos a otros." El cristiano tiene que guardar su vida para que no tenga más obligación con el hombre, excepto que amarlo. El amor es el cumplimiento de la ley de Cristo. El cuidado motivado por amor busca lo mejor para la persona amada. Esta admonición se completa con las palabras "guardar la unidad del Espíritu en el vínculo de la paz." Nuestro cuidado y atención esmerada de los unos por los otros debe ser de tal naturaleza que haya garantía de paz en el cuerpo de Cristo.

2. "para cuidar de la felicidad y reputación los unos de los otros." Cuando amamos a alguien, no creeremos los chismes, y palabrerías acerca de ellos. Negaremos y trataremos de callar los rumores sobre ellos. El amor que compele debe permear el cuerpo entero de Cristo.

3. "animar al afligido, amonestar a los descarriados y promover el éxito de la iglesia y del Evangelio, tanto como podamos." Pablo nos enseñó "Sobrellevad los unos las cargas de los otros" (Gálatas 6:2). A aquellos que quedan sorprendidos en alguna falta, debemos restaurarlos (6:1). Según tengamos oportunidad, "hagamos bien a todos" (6:10). El creyente debe tomar como su misión hacer todo el bien que pueda, en cada ámbito que pueda, todas las veces que pueda.

VI. LA EXTENSION DEL REINO
   (Colosenses 1:1-8)

Las palabras finales de la promesa en el párrafo previo llevan a este. Mientras procuramos "promover el éxito de la iglesia y del Evangelio," haremos aquellas cosas mencionadas en este sexto acápite. Tres cosas reciben énfasis.

1. "En todas partes tendremos como sagrados los principios cristianos, y como supremas las obligaciones y empresas cristianas." Esto cumpliría la amonestación de Cristo quien nos exhortó a "Buscad primeramente el reino

Capítulo Trece

de Dios, y su justicia, y todas estas cosas os serán añadidas" (Mateo 6:33). La ética de Cristo y los estándares morales de Cristo presentados en el Sermón del Monte son para los creyentes de nuestro tiempo también. Nuestras obligaciones principales en esta vida son espirituales y no físicos y materiales.

Pablo escribió en Colosenses 1:1-8 de los "santos" a quienes llamaban "fieles hermanos." Eso eran porque vivían dominados por "fe" en acción (v. 4) "amor" (v.4) y "esperanza" (v.5). Estas cosas en su vida producían "fruto" (v. 6). Nuestra fe, nuestro amor y nuestra esperanza también se demostrarán al mundo cuando mantenemos nuestras obligaciones cristianas en supremo lugar en nuestra vida.

2. "Contando como nuestro asunto principal en la vida extender la influencia de Cristo en la sociedad." ¿Puedes imaginar a cada miembro de iglesia dedicado a extender la influencia de Cristo en la sociedad? La iglesia primitiva estaba dominada por esa actitud. Perseguidos, iban a todas partes predicando el evangelio. Como Pablo, contaban todo como pérdida por Cristo.

La Gran Comisión obliga a creyentes a "toda criatura" en "todo el mundo." A veces pasamos por alto las posibilidades más cerca de nosotros. El evangelio de Cristo puede cambiar la vida del vecino quien es un borracho, o del hombre que vive en la calle nuestra que es un ladrón. Tenemos que involucrarnos en cada área de la sociedad para poder influir en ella. ¿Acaso no nos describió Cristo como "la luz del mundo," y "la sal de la tierra?"

3. "Orando y trabajando constantemente para que venga el reino de Dios, y sea hecha Su voluntad en la tierra como en el cielo." No hay vacaciones en la experiencia del cristiano. No hay permiso para abandonar el ejército del Señor. El creyente ha de "instar a tiempo y fuera de tiempo" (2 Timoteo 4:2). Pablo en su situación extrema se dio cuenta que el quedarse en el mundo era más necesario para el reino de Dios.

La mejor manera para cada creyente contribuir a la voluntad de Dios hecha en la tierra como se hace en el cielo, es encontrar la voluntad de Dios para su propia vida. Cada creyente está bajo obligación de encontrar la voluntad de Dios para su vida. Aquella voluntad de Dios en una vida contribuirá hacia el lograr de los propósitos de Dios.

VII. EL SOSTEN DE EMPRESAS DENOMINACIONA-LES (Filipenses 4:2; Romanos 16:1, 2; Tito 3:13)

Una denominación se constituye de personas que se adhieren a una interpretación similar de la Palabra de Dios. Cuando un grupo de creyentes se une para formar una denominación, sus creencias los guían a adoptar metas comunes y cooperativas. Esto es cierto en la denominación bautista libre. Juntos cooperamos en "empresas educacionales y denominacionales." Incluidos en estos está "el sostenimiento de misiones, el éxito de las escuelas dominicales, y los esfuerzos evangelísticos para la salvación del mundo."

Todas estas empresas se planifican para promover una causa común: la salvación de almas. Las iglesias individuales no pueden construir un seminario, publicar su propia literatura, enviar misioneros, o promover grandes extensiones del reino. Nuestras asociaciones locales, estatales y nacional están constituidas como esfuerzos cooperativos para lograr estas metas más grandes.

Lo importante es que los miembros locales se den cuenta del rol vital que cada individuo juega en el éxito de esas empresas. Un misionero a la India puede quedarse en su campo porque miembros individuales contribuyen a su sostén. Nuestros seminarios e institutos bíblicos se mantienen abiertos y sostienen su trabajo mientras miembros de iglesias locales tomen interés en su sostén. Los bautistas libres no hemos sido bendecidos con grandes regalos de caridad que han permitido construir escuelas grandes. Pero los regalos fieles de los miembros sí, nos han permitido construir colegios que suplirán nuestra necesidad de entrenamiento.

Pablo y su equipo evangelístico pudieron entrar a muchas áreas nuevas porque tuvieron el apoyo de iglesias tales como las de Macedonia. Las necesidades de las iglesias en Palestina se suplieron por las contribuciones de iglesias establecidas por Pablo en sus viajes misioneros. Tales esfuerzos empezaron en la iglesia del Nuevo Testamento y continúan hasta el día de hoy.

Las últimas palabras del Pacto son una oración que "el Dios de paz nos santifique enteramente, y nos guarde sin mancha para la venida de nuestro Señor Jesucristo." El que "nos santifique enteramente" no se refiere a una santificación entera en esta vida. Los bautistas libres creemos en una santificación progresiva después de la santificación inicial en el nuevo nacimiento, el cual nos pone aparte para el uso de Dios. Sólo al entrar a su presencia eterna, somos santificados enteramente, o completamente.

Capítulo Trece

El propósito de este Pacto es de unirnos en esfuerzos mutuos para perfeccionar su voluntad en nuestra vida y tenernos listos en su venida. Debemos guardar "el mandamiento sin mácula ni reprensión, hasta la aparición de nuestro Señor Jesucristo" (I Timoteo 6:14). Puesto que Satanás "como león rugiente, anda alrededor buscando a quien devorar" (I Pedro 5:8). Es mejor para los creyentes estar fortalecidos con la fuerza mutua para resistirle.

Otros títulos disponibles de la Casa Randall de Publicaciones

Para más información,
llame al 1-800-877-7030

CPSIA information can be obtained
at www.ICGtesting.com
Printed in the USA
LVOW04s0033080616
491510LV00002B/2/P